SUA VIDA
EM PRIMEIRO LUGAR

CHERYL RICHARDSON
A mais respeitada *personal coach* dos Estados Unidos

SUA VIDA EM PRIMEIRO LUGAR

COMO ENCONTRAR O EQUILÍBRIO ENTRE SUCESSO PROFISSIONAL E QUALIDADE DE VIDA

3ª Edição

SEXTANTE

tradução
Vera Whately

preparo de originais
Regina da Veiga Pereira
Virginie Leite

revisão
Antonio dos Prazeres
Sérgio Bellinello Soares

capa e ilustração
Silvana Mattievich

diagramação
Marcia Raed

fotolitos
Mergulhar Serviços Editoriais Ltda.

impressão
Geográfica e Editora Ltda.

Miolo impresso em Chamois Bulk Dunas 90g/m²

CIP-BRASIL. CATALOGAÇÃO-NA-FONTE
SINDICATO NACIONAL DOS EDITORES DE LIVROS, RJ.

R389s Richard, Cheryl
Sua vida em primeiro lugar
/ Cheryl Richardson ; tradução de Vera Whately. – 1ª ed. –
Rio de Janeiro: Sextante, 2002

Tradução de: Take time for your life
ISBN 85-7542-029-1

1. Conduta. 2. Mudança (Psicoterapia).
I. Título.

02-1230 CDD 158.1
CDU 159.94

Editora Sextante (GMT Editores Ltda.)
Av. Nilo Peçanha, 155 – Gr. 301 – Centro
20020-100 – Rio de Janeiro – RJ
Tel.: (21) 2524-6760 – Fax: (21) 2524-6755
Central de Atendimento: 0800-22-6306
E-mail:atendimento@esextante.com.br
www.esextante.com.br

SUMÁRIO

INTRODUÇÃO

O QUE O TREINAMENTO PODE FAZER POR VOCÊ

VOCÊ GOSTARIA DE MUDAR SUA VIDA? De ter mais tempo livre para a família e para os amigos? De viajar mais? De cuidar melhor da sua saúde, reduzir o estresse e ter uma vida mais divertida? Pode ter certeza: a maioria das pessoas quer o mesmo. Elas estão cansadas dessa correria constante, dessa "era de informação" frenética. Querem maior qualidade de vida, mais tempo para elas mesmas e para seus relacionamentos, e mais energia para investir no seu bem-estar emocional, físico e espiritual.

Quem é você? Um executivo trabalhando sessenta horas por semana? Uma mãe solteira tentando educar seu filho? Ou alguém que se cansou de tanto estresse e falta de tempo? Seja quem for, saiba que você pode escolher como deseja viver sua vida. Pode dar um passo atrás, reavaliar suas prioridades e tomar uma decisão consciente sobre o seu futuro. Como tomar essa decisão? E o que fazer para melhorar sua qualidade de vida?

Quando você está fora de forma e precisa de ajuda para perder peso, contrata um *personal trainer.* Não seria bom se pudesse fazer isso em todos os aspectos da sua vida? Pois saiba que, com a ajuda de um "treinador pessoal" (*personal coach*), é possível superar os obstáculos que estão impedindo você de viver do modo que deseja. O que me proponho a fazer é ajudar as pessoas a remodelarem suas vidas.

Sempre que digo que sou treinadora, a primeira pergunta que me fazem é: "De que esporte?" Quando explico que não trabalho com esportes, que minha função é treinar as pessoas para viver a vida que desejam, logo sou bombardeada de perguntas sobre a diferença entre treinamento e terapia. É compreensível que haja essa confusão. Mas, na verdade, são coisas bem diferentes.

Treinamento é uma ação orientada, que focaliza a vida presente do cliente e planeja o futuro. A terapia também lida com a vida presente do cliente, mas em geral focaliza o passado e trata dos problemas emocionais. Eu percebo quando a pessoa, em vez do treinamento, precisa de uma terapia. Nesses casos encaminho meus clientes para profissionais experientes, que também me indicam para seus pacientes.

Na terapia os clientes falam sobre as mudanças que gostariam de fazer em suas vidas, mas muitas vezes não sabem como torná-las reais. Eles desejam que alguém os ajude a planejar uma nova vida. Querem um guia para alertá-los sobre os obstáculos que vão encontrar no caminho e para mostrar o que precisam fazer para superá-los. Desejam um parceiro que lembre que eles têm força e capacidade para mudar. Alguém que lhes ofereça as ferramentas e os estimule a entrar em ação, apesar de seus medos. Os parceiros que podem fazer tudo isso são os treinadores pessoais.

Eu descobri o quanto esse tipo de treinamento era necessário quando trabalhava como consultora de imposto de renda, há mais de quinze anos. Enquanto examinava as finanças dos meus clientes, conversava com eles sobre muitas outras coisas. Eles me faziam perguntas a respeito de decisões a serem tomadas: mudança de casa, conflitos nos relacionamentos, problemas nos negócios ou equilíbrio entre trabalho e família. Ano após ano, ao entregarem as pastas com seus papéis, os clientes me contavam a história de suas vidas e me pediam conselho e apoio. Eles precisavam de um ouvinte atento e objetivo que pudesse lhes oferecer uma nova perspectiva.

Em particular, todos me contavam seus medos e preocupações. Os empresários, com medo de perder clientes se aumentassem os preços, não tinham paz de espírito. Os empregados, precisando sustentar a família, tinham de aprender a lidar com as questões políticas no trabalho e com a insensibilidade de seus chefes.

Juntos, encontrávamos soluções para os problemas que lhes causavam estresse. Às vezes, só de ouvir uma resposta objetiva, eles se sentiam fortalecidos. Outras vezes, ao conseguir expressar suas necessidades e aflições, soltavam-se e entravam em ação. O fato de saber que não estavam sozinhos, que outras pessoas viviam problemas iguais aos deles, fazia com que se sentissem reconfortados e apoiados.

Ao longo do tempo fui ficando menos interessada em preparar o imposto de renda dos clientes e mais empenhada em ajudá-los a criar prioridades de vida, a passar mais tempo com a família ou a realizar um sonho secreto, como abrir um novo negócio ou ter um filho. Decidi parar os serviços de consultoria financeira e cuidar das grandes preocupações dos meus clientes em horário integral. Comecei com workshops chamados "Segredos do Sucesso" e com palestras para grupos sobre temas variados, desde criar metas, até desenvolver estratégias para construir relacionamentos.

As pessoas sentiam-se aliviadas de encontrar alguém que pudesse ajudá-las a superar as dificuldades e melhorar suas vidas. Uma coisa era clara: elas tinham necessidade de fazer um "planejamento de vida", mas não sabiam a quem recorrer. Descobri que eu tinha um talento especial para fazer isso e adorava ajudar os outros.

Hoje, as mais diferentes pessoas, motivadas pelas mais variadas razões, estão apelando para treinadores que as ajudem a criar uma vida melhor. Minha cliente Shirley é um bom exemplo disso.

Shirley é vice-presidente de vendas de uma empresa que vem crescendo a olhos vistos. Ela é bem-sucedida, tem um salário altíssimo, vive com o marido em uma bela casa e é muito conceituada em sua área. Mas, em vez de estar feliz, Shirley se sente exausta. Seu dia começa às seis horas da manhã, quando ela sai para a academia de ginástica, e só termina às oito ou nove horas da noite. Quase todos os dias – entre inúmeras reuniões, telefonemas e compromissos sociais –, ela se vê sonhando com uma vida diferente, em que tenha mais tempo para ela mesma, menos estresse e oportunidade de expressar sua criatividade. Shirley está cansada de ficar sonhando com essa vida ideal.

Meu cliente Joseph trabalha há dez anos numa firma de arquitetura e, como já foi vítima de um programa de contenção de despesas em outro emprego, tem medo de que isso aconteça de novo. Todo dia ele sai de casa sentindo-se angustiado, pois teme que aquele seja seu último dia no escritório. Com uma dívida crescente e um filho às vésperas de entrar na faculdade, ele fica em pânico com a idéia de perder emprego.

Já Norman, dono de uma renomada firma de investimento financeiro, vive às voltas com oito associados de vendas, que lhe telefonam a qualquer hora do dia ou da noite. Ele viaja pelo menos duas vezes por mês para visitar os clientes, espalhados por todo o país. A noiva de Norman se queixa de que os dois nunca têm sossego quando estão juntos. O empresário anda nervoso porque tem sentido que sua vida está passando rápido demais. Ele admite, brincando, que precisa parar um pouco para viver, mas não consegue diminuir seu ritmo.

Joseph, Shirley e Norman estão presos numa armadilha. Os três deparam com os tipos de obstáculos que impedem que a maioria das pessoas tenha controle sobre sua vida. Shirley, por exemplo, não tem tempo para viver e sente-se frustrada com todas as responsabilidades que recaem sobre ela. Luta para arranjar tempo para as coisas de que gosta – como cuidar de seu jardim –, mas não consegue por causa de sua incapacidade de se colocar em primeiro lugar. É como se precisasse de permissão para ter como prioridade máxima o cuidado com ela mesma.

Joseph, por outro lado, parece precisar com urgência de outro emprego. Só que mudar de emprego não é a verdadeira solução. A principal fonte de seus problemas é sua vulnerabilidade financeira. O saldo de seu cartão de crédito está estourado, a prestação de sua casa é alta demais e sua família gasta além do que pode. Para realmente ter controle sobre sua vida, Joseph precisa investir na sua saúde financeira.

Quanto a Norman, talvez ele precise delegar mais responsabilidades, colocar limites para seus associados e administrar melhor a si próprio.

Como treinadora pessoal, é minha obrigação ouvir tudo com atenção e perceber o que existe por baixo das situações descritas, a fim de encontrar a origem do problema. Se você vive à beira da exaustão, uma boa dieta ou uma ginástica certamente farão efeito, mas primeiro será preciso identificar e eliminar a causa desse cansaço excessivo.

Se você é constantemente criticado ou menosprezado pelas pessoas com quem convive, criar limites é uma boa tática, mas talvez seja necessário trocar seus atuais relacionamentos por outros mais enriquecedores. Se o trabalho tomou conta da sua vida, encontrar uma forma de administrar seu tempo não solucionará o problema. O que você precisa é criar prioridades e descobrir o que realmente deseja. Mais importante ainda, se você anseia por viver uma vida mais autêntica, que corresponda ao que realmente quer, deve dar à sua paz interior um lugar prioritário no seu dia-a-dia. Diante de qualquer solicitação, você se perguntará: “Isto vai contribuir para minha paz interior?”

Há quinze anos venho treinando centenas de clientes que querem dar uma reviravolta em suas vidas. Durante conversas telefônicas semanais, eu os ouço falar sobre o que querem e o que não querem. Ao longo do tempo, identifiquei os principais obstáculos que impedem as pessoas de viver a vida da forma que desejam:

1. **Para você, "egoísmo" é um palavrão.** Você tem dificuldade de colocar suas necessidades em primeiro lugar, mas em geral os compromissos que assume provocam ressentimento e frustração.
2. **Seu horário não reflete suas prioridades.** Você acaba o dia em total estado de exaustão e nunca tem tempo para as coisas que considera mais importantes.
3. **Você tem a sensação de que pessoas, lugares e coisas desgastam suas energias.** Sua vida parece uma longa e infindável lista de obrigações. Seu escritório precisa ser organizado, sua casa arrumada, e, por mais que você faça, há sempre alguém se queixando de você.
4. **É o dinheiro que domina você.** Você se cansou de não conseguir fazer as escolhas que quer por causa de restrições financeiras. As dívidas se acumulam, você não sente satisfação com a forma como gasta seu dinheiro e, por mais que se esforce, não consegue viver dentro dos seus rendimentos.
5. **A adrenalina tornou-se seu principal combustível.** Você está constantemente pulando de um compromisso para outro. Gostaria de relaxar, mas não consegue diminuir o ritmo. Paz de espírito parece uma meta impossível de atingir.
6. **Você sente falta de um grupo de amigos, de uma comunidade que lhe dê apoio.** Você se sente só e desejaria se ligar a outras pessoas com cabeça igual à sua.
7. **Sua paz de espírito fica em último lugar nessa vida ocupada.** Você gostaria de passar um bom tempo meditando, rezando, praticando ioga ou outras formas de prática espiritual, mas seu tipo de vida não permite isso.

Esses são os sete blocos de problemas que, se forem tratados com cuidado, podem ser facilmente mudados. Superar esses obstáculos é a intenção deste livro. Se você tiver disposição para empenhar-se e investir seu tempo (que este livro ajudará a encontrar!) e energia nesse processo, eu prometo que sua vida mudará incrivelmente.

Você pode viver a vida que deseja, e eu gostaria de lhe mostrar como.

Já passei pelas mesmas situações que meus clientes passam agora. Trabalhei demais, tive um negócio bem-sucedido, cometi muitos erros nos meus relacionamentos e prestei pouca atenção à minha saúde. Nos últimos anos, usei o programa descrito neste livro para melhorar minha própria vida. E por isso sei que ele funciona. Fiz as mudanças que hoje me permitem ser feliz.

Os clientes em geral decidem trabalhar comigo porque estão insatisfeitos com suas vidas e desejam fazer mudanças significativas, sem saber como. Às vezes querem mudar de profissão, reduzir ou acelerar seu ritmo de vida, realizar um desejo secreto, ou dedicar mais tempo ao que realmente gostam de fazer. Começamos o processo de treinamento com a intenção de passar no mínimo três meses trabalhando em conjunto. Contudo, depois que começamos, eles se alegram com as conquistas e, em geral, ficam comigo muito mais tempo.

No início, muitos clientes me dizem que não podem viver do modo que desejam. As razões parecem reais e insuperáveis. Suas despesas são muito altas, por isso eles se forçam a continuar em empregos que detestam. Permanecem num casamento infeliz porque não querem abandonar os filhos ou porque não têm condições para se sustentar sozinhos. São velhos demais ou jovens demais. É muito cedo para isso, é tarde demais para aquilo. A pior razão de todas é que eles se consideram vítimas das circunstâncias, sem forças para assumir o controle de sua vida.

SUA VIDA, SUA ESCOLHA

Tomar a decisão de mudar a vida é uma escolha pessoal. Muito freqüentemente nós nos sentimos de pés e mão atados e esquecemos que quem comanda o espetáculo somos nós. É fácil compreender por quê. O alto custo de vida em geral exige que marido e mulher trabalhem para manter uma família. As demissões continuam a acontecer, e os empregados sentem que se trabalharem mais horas terão maior segurança no emprego. E a mentalidade de "quanto mais dinheiro se tem, mais se gasta" torna difícil para gente de todos os níveis de renda viver dentro do seu orçamento. Essa percepção da realidade faz com que uma vida de alta qualidade pareça impossível. Mas não se deixe enganar por essa realidade. Às vezes, como no caso de Marsha, uma mudança mínima faz uma grande diferença.

Marsha era mãe solteira, com dois filhos, cuidava da casa e trabalhava em horário integral. Vivia tão estressada, que tinha a impressão que ia estourar. Cansada de tudo, achou que se trabalhasse por conta própria e fosse dona do seu nariz sentiria o alívio desejado. Ansiava pela flexibilidade de horário e a liberdade que imaginava que teria. Forte e determinada, Marsha decidiu abrir um negócio de comida em casa e me pediu que a ajudasse a desenvolver o plano.

Percebi que ela estava empenhada em mudar rapidamente. Expliquei que tomar uma decisão tão importante num momento de estresse era buscar confusão. Antes de qualquer coisa, ela precisava de tempo para relaxar e recuperar sua energia.

É incrível como as pessoas precisam de permissão dos outros para cuidar bem de si mesmas. Comecei a ver com Marsha de que forma ela poderia encontrar mais tempo para descansar e se dedicar à sua vida. Verificamos que ela tinha recursos para contratar uma empregada que se encarregasse da roupa e da limpeza da casa. Recomendei também que ela se organizasse para ter, pelo menos, uma noite livre por semana. Em vez de contratar uma babá, Marsha fez um acordo com uma vizinha para que, em determinados dias, uma tomasse conta dos filhos da outra.

Essas pequenas mudanças foram muito positivas. Sua vida ficou mais equilibrada, e ela pôde analisar seus planos com calma.

Marsha percebeu que entrar de cabeça em um novo negócio seria um erro. Portanto, nos seis meses seguintes, eliminou tudo o que não fosse indispensável na sua vida, passou a fazer as coisas num ritmo mais lento, diminuiu seus gastos, economizou dinheiro e informou às amigas que estava abrindo um negócio de comida. Tudo foi feito de forma organizada. Primeiro, Marsha mudou do emprego de horário integral para um trabalho de meio expediente. Um ano depois, como já tinha conseguido uma base sólida de clientes, pôde largar o emprego sem qualquer diminuição de renda.

Meu trabalho inicial com os clientes concentra-se no cuidado com eles próprios – arranjar um tempo livre e identificar e eliminar o que está tirando sua energia. Eu os estimulo a diminuir o ritmo de trabalho para melhorar sua qualidade de vida imediatamente.

Às vezes parece impossível concentrar-se em resolver sua vida quando um trabalho desgastante toma todo o seu tempo e energia. É nesse momento que se torna importante lembrar que é você quem deve comandar sua vida. Com as ferramentas certas, é possível reverter uma situação difícil, como a de Shirley, chefe da divisão de vendas de uma grande empresa com setenta e cinco empregados sob sua supervisão. Sentindo-se estressada e com excesso de trabalho, ela resolveu cuidar da sua saúde enquanto tentava atingir essa meta.

Depois de acompanhar um dia de trabalho de Shirley, vi por que ela estava tão sobrecarregada. Sua secretária eletrônica acumulava inúmeras mensagens diariamente e ela não conseguia retornar todos os telefonemas. Muitas vezes chegava atrasada nas reuniões (e às vezes nem conseguia comparecer). O trabalho estava deixando Shirley esgotada e frustrando sua equipe.

Eu disse a Shirley que ela precisava de um tempo para si mesma. Expliquei que, se não se fortalecesse, não alcançaria o sucesso que procurava. O primeiro passo foi dar permissão para ela priorizar seu bem-estar. Shirley precisava aprender a delegar poderes. Toda semana nós revíamos a lista de mensagens da secretária eletrônica e verificávamos o que poderia ser passado para sua assistente administrativa. Shirley foi se tornando mais capaz de delegar, e dentro de dois meses a assistente estava cuidando da maioria dos telefonemas. O que antes era impossível tornou-se não só viável como muito mais eficaz.

Com uma organização melhor do trabalho, Shirley passou a sair do escritório às cinco e meia e não às oito e meia da noite. Isso lhe permitiu passar os fins de tarde com o marido e cuidar do seu jardim, coisa que sempre a ajudou a relaxar. No início, ela teve medo de estar dando mau exemplo para sua equipe, mas ocorreu o oposto. Com o trabalho mais bem organizado, ela pôde dedicar-se mais à equipe, dando-lhes a orientação necessária para que eles se incumbissem bem de suas tarefas.

Estimulei Shirley a convocar menos reuniões e a comparecer pontualmente a todas, a fim de reconquistar a confiança da equipe. Seis meses depois, ela sentiu que sua vida estava muito mais equilibrada, e que seu departamento tinha aumentado as vendas em quinze por cento. São decisões e ações desse tipo que criam o verdadeiro sucesso.

EU SEREI SUA TREINADORA

Com este livro eu pretendo treinar você para que seja capaz de criar a vida que deseja. Pedirei que preste atenção na qualidade da sua vida e lhe darei todo o apoio para que você aprenda a confiar na sua intuição – na sua sabedoria interior. Ao longo deste livro, ensinarei sete estratégias para superar os obstáculos que impedem que você viva a vida que deseja. À medida que for seguindo este programa, você aprenderá a:

1. **Colocar-se em primeiro lugar na sua lista de prioridades.** Cuidar de você antes de qualquer outra coisa passará a ser um comportamento natural. Você aprenderá a se conhecer melhor e a ouvir e confiar em sua sabe-

doria interior para criar uma vida que reflita seus verdadeiros desejos.

2. **Organizar suas prioridades.** Eu vou lhe ensinar a controlar as coisas que tomam seu tempo e sua atenção, em vez de apenas reagir e se adaptar às condições externas. Você será capaz de estabelecer novas prioridades e aprenderá a desenvolver estratégias para garantir que essas prioridades sejam cumpridas.
3. **O que está esgotando suas energias?** Vou ensinar você a identificar e eliminar tudo aquilo que tira sua energia. Seja um escritório desorganizado, uma casa por arrumar, ou um amigo que vive se queixando. Vou mostrar como acabar com esse desperdício de energia de uma vez por todas.
4. **Investir na sua saúde financeira.** Você aprenderá formas específicas de organizar as despesas da sua casa e de criar reservas financeiras para deixar de se sentir uma vítima dos acontecimentos. E conseguirá mais dinheiro colocando em prática técnicas básicas de administração financeira.
5. **Qual é seu principal combustível?** Eu lhe mostrarei como se desfazer do hábito de só funcionar à base de adrenalina. Você pode usar formas mais saudáveis de energia, como, por exemplo, arranjar bons amigos, fazer exercícios divertidos e atividades que alimentem sua alma.
6. **Criar grupos espirituais.** Vou dar sugestões específicas para você rodear-se de relacionamentos de alta qualidade, de pessoas que lhe darão apoio e estímulo para desenvolver o que há de melhor em você.
7. **Honrar sua paz espiritual.** Vou lhe ensinar a reservar um tempo diariamente para o mais importante de todos os relacionamentos: a ligação com sua sabedoria interior, a voz da sua alma. Você se tornará capaz de criar uma prática pessoal que alimentará seu bem-estar espiritual.

Quando você incorporar essas sete estratégias à sua vida, garanto que se sentirá melhor. Começará a experimentar uma ligação maior com você mesmo e com os outros, e perceberá o que é realmente importante. Então, vai acontecer uma coisa interessante: *você vai realmente atrair coisas melhores para si.* Você passará a enviar uma mensagem diferente para o mundo e, às vezes, receberá de volta muito mais do que poderia imaginar.

Foi o que aconteceu com minha cliente Nicole. Ela parecia desanimada quando falou comigo pela primeira vez. Disse que se sentia frustrada com o rumo que sua vida estava tomando e que desejava um milagre: uma vida nova. A maior parte do tempo ela se sentia solitária e isolada no seu trabalho de desenhista gráfica. Tinha perdido contato com várias amigas e passava os fins de semana trabalhando sozinha no computador.

Ao aprofundarmos nosso contato, ficou claro que Nicole tinha um intenso desejo de "mudar o mundo". Ela queria encontrar um emprego novo porque estava convencida de que, se tivesse uma profissão em que pudesse ajudar os outros, se sentiria muito melhor. À medida que fomos conversando, sugeri que primeiro ela tentasse mudar sua própria vida. Garanti que, como resultado dessa mudança de atitude, uma vida muito melhor realmente começaria a aparecer.

No ano seguinte, Nicole concentrou-se em relacionar-se com ela mesma e em organizar sua vida. Começou a escrever um diário, registrando o que sentia. Escreveu mensagens de apoio para si mesma e fez listas das coisas pelas quais se sentia grata. Depois, tomou coragem para remexer nas caixas guardadas desde a época da faculdade e jogou fora todos os badulaques inúteis que acumulava compulsivamente. Com o meu apoio, enfrentou as coisas que vivia evitando, como organizar suas finanças, arrumar a casa a seu gosto e terminar um relacionamento de dois anos que lhe fazia mal.

À medida que foi percebendo que podia escolher o que queria para sua vida, os medos foram sendo vencidos. Com alguém ao seu lado para orientá-la nesse processo, ficou muito mais fácil fazer as mudanças necessárias para ter o tipo de vida que desejava. Quando Nicole começou a se sentir melhor, o mundo passou a lhe oferecer mais oportunidades. Como adorava crianças, apresentou-se como voluntária para dar aulas de Desenho em uma escola local. Logo depois, foi convidada para trabalhar como diretora de criação em um centro educacional infantil que estava abrindo na vizinhança. Esse emprego lhe permitiu usar seu talento para ajudar os outros e para fazer novos amigos.

Nicole também começou a desenvolver sua vida espiritual, escrevendo cartas para Deus e freqüentando uma igreja local. Essa ligação com Deus trouxe um significado profundo à sua nova vida. Nicole passou a se sentir outra pessoa: alguém feliz e em paz com ela mesma.

Por mais estranho que pareça, eu não incentivo tanto meus clientes a buscarem o melhor emprego, a melhor oportunidade de negócios, o melhor relacionamento. Em vez disso, ajudo-os a se concentrarem em coisas básicas, como criar mais tempo para eles próprios, aprender a dizer não e investir na sua saúde financeira. Nosso trabalho conjunto transforma-se assim numa jornada espiritual. Quando eles se concentram em melhorar sua qualidade de vida, a vida que desejam desdobra-se diante dos seus olhos.

COMO TIRAR O MÁXIMO PROVEITO DESTE LIVRO

Neste livro você vai encontrar um programa criado para atrair a sua vida melhor. Eu sei que sou capaz de ajudar, porque já fiz isso com inúmeras pessoas. Como sua treinadora pessoal, ofereço-lhe aqui as mesmas listas, exercícios e recursos que ajudaram outros clientes a superarem os obstáculos para viver uma vida melhor. Para tirar o máximo proveito deste programa, recomendo que você faça o seguinte:

- Leia o livro todo antes de começar o programa.
- Depois de ler o livro, escolha um parceiro ou crie um pequeno "grupo de treinamento" com pessoas dispostas a dar apoio umas às outras para melhorar sua qualidade de vida. Fazer o treinamento com outra ou outras pessoas é importante para o sucesso. Para orientar sua escolha, siga estas diretrizes:

1. Escolha uma pessoa (ou pessoas) em quem você confie. Peça que leia o livro.
2. Certifique-se de que seus parceiros têm tempo e vontade de comprometer-se com o programa apresentado neste livro.
3. Estabeleça uma hora regular para reunir-se com essas pessoas (pelo menos uma vez por mês). As reuniões podem ocorrer pessoalmente ou por telefone.
4. Leiam um capítulo antes de cada conversa.
5. Quando estiverem reunidos, usem a seguinte programação para tornar essas reuniões produtivas e fortalecedoras:
   a) Comecem a reunião contando algum passo conquistado, por menor que seja. O que é que cada um conseguiu? Como se sentem? Aplaudam-se por esses avanços.
   b) Levem algum tempo discutindo o capítulo que leram para se prepararem para a reunião. Completem todos os exercícios de grupo contidos nesse capítulo.
   c) Decidam as ações específicas que cada um deverá assumir antes da próxima reunião.
   d) Peçam ajuda. Usem os quinze últimos minutos da reunião para pedir o apoio de que precisam. O que impede cada um de seguir em frente? Onde se sentem bloqueados? Do que você precisa para vencer seu medo? Uma ajuda? Um telefonema dos amigos? Um recurso ou estímulo específico?

- Compre um diário para usar juntamente com este livro.
- Toda vez que ler a frase "Entre em ação!" procure fazer qualquer ato ou gesto que signifique avanço. Um pequeno passo fará uma grande diferença. Não queira dar passos maiores do que é capaz. Valorize os passos mais fáceis, porque são eles que nos preparam para os mais difíceis.
- Peça ajuda. Se alguma parte deste programa for muito difícil, peça apoio para não desanimar. Seja do seu parceiro ou do seu grupo de treinamento, não deixe de pedir ajuda.
- Celebre cada passo, cada conquista, com alegria e gratidão.
- Vá com calma. Nenhum processo de mudança é rápido. Precisa ser trabalhado ao longo do tempo. O programa contido neste livro pode levar, no máximo, de um a três anos para ser completado. Mas, no correr do processo, você irá se sentir bem melhor.
- Mantenha a mente aberta. Algumas histórias deste livro parecem mágicas. E elas são mágicas. Quando tornamos prioritário o cuidado com nós mesmos e entramos em ação para atingir nosso bem-estar, acionamos a força divina – uma mágica disponível a todos nós. Ela nos guiará rumo a uma vida de alta qualidade. Procure essa mágica ao longo do caminho, pois ela é a força mais motivadora de todas.

Agora é com você. Boa sorte!

1

PONHA-SE NO PRIMEIRO LUGAR DA LISTA

EM UMA MANHÃ DE DEZEMBRO DE 1984, recebi um presente que iria mudar minha vida para sempre. Por volta das seis horas da manhã, fui acordada pelo telefone. Ao colocar o fone no ouvido, ouvi minha mãe soluçando e balbuciando alguma coisa a respeito de um incêndio. Consegui distinguir cinco palavras das quais nunca me esquecerei: "negócio de família em chamas".

Dei um pulo da cama, vesti a primeira roupa que me apareceu na frente e corri para o carro. Ao chegar ao prédio onde ficava nosso escritório, não acreditei no que meus olhos viam. O edifício estava envolto numa fumaça negra que em certos momentos se iluminava com as chamas. A imagem do inferno. Fiquei ali um instante olhando aquele fogo, absolutamente incrédula, tentando entrar na realidade da cena. Então vi meu pai sentado nos degraus de um prédio do outro lado da rua, limpando as lágrimas do rosto.

Juntos, em estado de choque, observamos os bombeiros tentando recuperar qualquer coisa que pudesse ser salva. Meu escritório, no andar térreo, tinha uma série de janelas que davam para fora. Agora eu olhava para dentro, completamente impotente, vendo minha vida desaparecer diante de mim.

Observar os frutos do meu trabalho dissolverem-se tão cedo na minha carreira me ensinou algumas lições importantes. Em um instante, a vida que a gente conhece pode desaparecer para sempre. Todas as coisas que eram importantes um minuto atrás – como o grande projeto que tinha de ser terminado às cinco da tarde, ou o negócio que estávamos tentando fechar – podem tornar-se sem sentido em questão de segundos. Percebi como a vida é frágil e como é importante prestar atenção à forma como passamos nosso tempo aqui na Terra.

À medida que os dias se passaram, começamos a avaliar os danos materiais. Remexendo nos destroços que tinham sido meu escritório, eu me peguei chorando por causa das coisas mais bobas. Meu telefone, a linha-mestra do meu negócio, tinha sido reduzido a um monte de plástico preto retorcido. Minha calculadora, meu braço-direito, tinha desaparecido por completo.

Embora essas coisas parecessem sem importância para os outros, eram simbólicas para mim. Essa tragédia forçou-me a examinar com cuidado o tipo de vida que eu estava levando. Apesar do meu sucesso (ou pelo menos o que era considerado sucesso na cidadezinha onde me criei), eu não me sentia feliz. O trabalho era estressante e eu ficava no escritório até muito tarde. Minha vida parecia um longo dia de trabalho após o outro, com poucos acontecimentos entre eles. Eu me desgastava tanto para terminar todas as minhas tarefas e agradar meus clientes que não levantava a cabeça da mesa para ver o que estava fazendo com a minha vida. Agora eu começava a notar.

Todo o meu tempo e energia eram usados para atender às necessidades dos outros, deixando de lado meu próprio desejo. O trabalho tinha se tornado minha vida, desequilibrando tudo o mais. O prédio queimado tornou-se uma metáfora para mim – eu estava queimando o tempo precioso que tinha neste planeta. Precisava diminuir o ritmo, olhar minha vida com honestidade e começar a me perguntar o que eu realmente queria. Precisava organizar minhas prioridades.

Muita gente passa por crises pessoais. Pode ser a morte súbita de um membro da família, uma enchente ou um incêndio que destrói sua casa e suas posses, ou o diagnóstico de uma doença ameaçadora. Passada a crise, a pessoa fica mudada de forma profunda. Uma das vantagens de quem sobrevive a uma crise é a motivação para reavaliar sua vida e levar em conta o que importa. A percepção da pessoa passa a ser outra e ela se vê fazendo perguntas relevantes. Eu sou realmente feliz? Onde me sinto verdadeiramente satisfeita? O que eu quero da vida e que mudanças preciso fazer para conseguir isso?

Nem todos precisam de uma crise pessoal para repensar sua vida. Para alguns, a chamada vem na forma de uma voz interior persistente que lembra que alguma coisa está faltando. Por exemplo, uma pessoa vê alguém sentado no banco de um parque, deliciando-se com um sorvete, e percebe que não se sente livre para fazer isso. Ou se pega falando várias vezes sobre o jardim de flores que gostaria de plantar ou do curso que gostaria de fazer, percebe que corre o risco de morrer sem fazer nada daquilo com que sonha.

SUA VIDA NÃO É O SEU TRABALHO

Durante uma crise pessoal ou depois de ouvir bastante sua voz interior, você começa a reavaliar sua vida profissional: "Eu me sinto realmente feliz com todo este trabalho?", "Qual é o retorno do meu investimento de tempo e energia?". Ao responder essas perguntas, você começa a perceber que a vida oferece muito mais do que trabalho e negócios.

Vivemos numa cultura que valoriza excessivamente o trabalho e avalia as pessoas por seu sucesso profissional. Eu vejo isso nas pessoas que me procuram pedindo ajuda para construir uma carreira que preencha seu "objetivo de vida". Ou nos empresários ansiosos para chegar à "receita ideal" para poderem "viver a vida que merecem". Posso lhes garantir uma coisa: esperar que seu trabalho lhe proporcione uma realização profunda é uma armadilha, além de ser um engano total. Você acaba investindo tempo e energia demais nisso, buscando desesperadamente uma coisa que não pode ser encontrada ali – a vida.

Ao nos centrarmos prioritariamente no trabalho, perdemos o contato com nós mesmos. Ficamos sem almoço ou comemos às pressas, fazemos negócios dirigindo o carro e pouco convivemos com nossos filhos. Mal temos tempo para nós mesmos, que dirá para aqueles que mais amamos. Cecile Andrews, no seu livro *The Circle of Simplicity* (O Círculo da Simplicidade), escreve que "os casais conversam em média doze minutos por dia e brincam com os filhos quarenta minutos por semana".

Os clientes que vêm pedir meu apoio dedicam ao trabalho, em média, cinqüenta e cinco a oitenta horas por semana (incluindo transporte, tempo real de trabalho, leitura e preparação). Esse estilo de vida tem seu preço. Meus clientes vivem exaustos com essa escalada profissional e a obrigação de equilibrar trabalho e família. Estão cansados do emprego que exige que eles se esqueçam dos seus valores e do cuidado com eles mesmos em troca de um cargo e um salário. E estão cansados de trabalhar longas horas sem conseguir atingir sua meta, sem se sentirem valorizados.

As férias tornaram-se períodos de recuperação, em vez de tempo de lazer e recreação. E aquelas poucas semanas por ano nunca são suficientes. Se a vida dos meus clientes servir de alguma indicação, a porcentagem de tempo gasto no trabalho está em alta, diminuindo progressivamente o tempo livre.

Mesmo o aumento de doenças ligadas ao estresse – como problemas cardíacos, fadiga crônica e câncer – não é suficiente para mostrar às pessoas que a vida centrada no trabalho não funciona, levando-as a cair fora desse estilo de vida. Por que será tão difícil começar a colocar suas necessidades em primeiro lugar?

Várias razões são alegadas: o desejo de dar aos filhos uma boa educação, a vontade de morar nas áreas mais nobres da cidade, o medo de perder o emprego. Ou ainda o fato de as pessoas buscarem sua identidade e felicidade no "ter mais": o salário mais alto, o emprego melhor, mais bens materiais e férias mais dispendiosas. Mas, a essa altura, a maioria das pessoas já começa a perceber que "ter tudo" não resolve a situação. Um emprego com um salário fantástico e grande prestígio pode trazer uma certa felicidade. Mas traz também muita responsabilidade e alto nível de estresse, fazendo a pessoa sentir-se vazia e fora de contato com o que é realmente importante.

George Leonard, um pioneiro no campo de potencial humano, declarou que 48 por cento dos 4.216 executivos que entrevistou achavam sua vida vazia e sem sentido, apesar de anos de esforço profissional. Esse vazio é, em geral, marcado por uma tristeza subjacente que, segundo um cliente, sobe à superfície e se manifesta quando ele diminui o ritmo de trabalho. Outro cliente, um médico de 47 anos, depois de quatro anos de trabalho contínuo, finalmente tirou uma semana de férias, sozinho, sem fazer nada. Ele me disse: "Fiquei surpreso ao ver que tinha vontade de sentar e chorar. Não sei por que, mas senti uma tristeza enorme, uma sensação de perda por estar jogando minha vida fora." Outra cliente admite que é perseguida por um "sentimento constante de solidão", apesar de viver cercada de gente.

Esses sentimentos talvez sejam a razão de as pessoas se manterem tão ocupadas. Diminuir o ritmo significa soltar as emoções presas, acumuladas ao longo do tempo. Mas sentimentos de solidão e tristeza são normais quando você se dá o direito de sentir. Pode ser uma experiência assustadora parar e perceber que sua vida está passando sem que você tenha controle dela.

Quando chegamos ao fim do dia exaustos, não temos energia alguma para gastar com nós mesmos. Minha cliente Bia, mãe de duas crianças, que trabalhava em horário integral, falou: "É claro que sinto falta dos amigos, mas no final do dia estou tão cansada, que a última coisa que quero fazer é conversar. Quando alguém me liga para bater papo, eu não acho a menor graça."

Outra razão para os meus clientes continuarem a trabalhar demais é não saberem o que fazer com o tempo. Janice percebeu isso no início do treinamento. Ela era uma relações-públicas muito animada e extrovertida. Passava os dias visitando os clientes, bajulando os contatos da mídia e planejando novas campanhas. Era sempre o centro das atenções e ótima em tudo o que fazia. Aos 41 anos, parecia estar no topo do mundo. Fazia viagens internacionais, hospedava-se nos melhores hotéis e tinha uma lista de clientes que queriam contratar seus serviços. Mas a vida com que Janice sonhava era bem diferente.

Na privacidade do consultório, Janice confessou que sua "imagem pública" era uma máscara que ela colocava toda manhã antes de sair para o trabalho. Por baixo dessa máscara havia uma mulher jovem e assustada. Bem-sucedida, mas com um enorme vazio interior. Apesar de sua trajetória de sucesso, Janice estava aos poucos perdendo o gás, com medo de cair doente por conta desse ritmo acelerado. Ela trabalhava quase todas as noites, raramente dormia bem e vinha reagindo com exagero aos menores erros cometidos por sua equipe. Dizia que se sentia "morta" por dentro, como se seu "entusiasmo pela vida tivesse desaparecido".

Quando eu pedi que ela pensasse nas mudanças que teria de fazer para colocar sua vida em primeiro lugar, Janice respondeu: "A verdade é que, quando me pergunto o que faria se não estivesse trabalhando, fico horrorizada ao ver que não sei o que responder." Foi preciso que Janice se ouvisse dizendo a verdade em voz alta para começar a trabalhar seu problema. Ela estava pronta para se colocar em primeiro lugar.

A sua vida parece um longo dia de trabalho depois do outro? Não se esqueça de que a parte mais importante da sua vida é você. Você é a soma de suas partes, e o trabalho é só uma dessas partes. Se você estiver caminhando para a exaustão, ou se já estiver lá, decida agora cuidar de si em termos prioritários, colocando-se no alto da lista de "coisas a fazer"!

EXTREMO CUIDADO COM VOCÊ

Como sua treinadora, eu gostaria de começar nosso trabalho dando permissão para você fazer da sua qualidade de vida uma prioridade máxima. Minha filosofia básica de trabalho com meus clientes é o cuidado máximo com eles mesmos – este é o fundamento de uma vida rica e realizada. E o que significa colocar o cuidado com você acima de tudo? É dizer não quando não quiser ou não puder fazer algo, é resolver gastar seu tempo e energia em coisas que lhe dêem prazer, e tomar decisões baseadas no que você quer e não no que os outros querem. Para a maioria das pessoas isto não é fácil.

Fazer do cuidado com você uma prioridade máxima pode ser de início uma coisa complicada, porque você tem que lutar contra hábitos muito arraigados. Porém, à medida que toma consciência da importância de se cuidar, você começa a prestar mais atenção na voz do seu desejo e a obedecê-la ao tomar suas decisões. Você sairá mais cedo do trabalho para poder ir a um cinema ou jantar com amigos, dará uma volta na hora do almoço em vez de trabalhar direto sem parar. E vai fazer uma descoberta incrível: quando começar a praticar o cuidado máximo com você, uma força divina dará apoio às suas decisões e tornará sua vida mais fácil. A simples "coincidência" que ocorreu com a minha cliente Melissa comprova o que eu afirmo.

Melissa trabalhava como consultora, dando cursos para melhorar a comunicação entre gerentes e empregados. Entre seus vários clientes havia um representante de uma empresa que não respeitava horários e lhe telefonava a qualquer momento para exigir, de forma agressiva, soluções para seus problemas. Melissa estava cansada dessa invasão e me pediu que a ajudasse a estabelecer limites.

Depois de avaliarmos a situação, Melissa admitiu, com relutância, que provavelmente estava na hora de deixar de atender essa empresa. Ela sabia que para se respeitar deveria fazer isso, mas tinha medo da agressividade do cliente.

Discutimos suas opções, e eu a ajudei a pensar no que dizer para terminar o relacionamento de forma gentil, mas firme. Quando Melissa telefonou para o representante de vendas, ficou surpresa ao ouvi-lo dizer que tinha pedido demissão e estava deixando a empresa. Aliviada, ela lhe desejou boa sorte e combinou um encontro com seu substituto, sabendo que teria de definir seus limites desde o início.

Esses acontecimentos que parecem coincidências são o que se chama de "sincronia", e eles ocorrem quando você se compromete a ter um cuidado máximo com a sua vida. Depois de ver isso acontecer várias vezes com meus clientes, estou convencida de que uma ordem superior entra no comando da situação para nos apoiar quando decidimos nos respeitar.

Vou dizer uma coisa que talvez pareça estranha: o cuidado máximo com você começa com o aprendizado do egoísmo. É claro que o egoísmo tem o aspecto negativo de não se importar com os outros. Mas tem também um lado muito positivo. Por exemplo, nós todos já ouvimos a comissária de bordo dizer que, quando se viaja de avião com crianças, em caso de despressurização, deve-se pôr a máscara de oxigênio primeiro no próprio rosto. Ao fazer isso, a pessoa pode cuidar das crianças. Quando você pratica o cuidado máximo com você e se coloca em primeiro lugar, fica completamente disponível para os outros, sem que haja ressentimento nem raiva.

Inicialmente, você poderá ter alguma resistência a ser egoísta, sentindo culpa ou constrangimento. Mas diga aos seus amigos e familiares que decidiu cuidar do seu "eu". Diga com todas as palavras, mas principalmente com atitudes. Eles talvez reajam (aliás, é bom saber que algumas pessoas não vão gostar nada disso), mas lembre-se de que se trata da sua vida. Você merece se cuidar.

Quando um colega de trabalho implicar com o fato de você sair às cinco da tarde, seu cônjuge sentir-se ameaçado quando você for se encontrar com amigos, seus filhos ficarem zangados por você não lhes dar atenção a toda hora, lembre-se de que isso faz parte do cuidado máximo com você. Diga-lhes que, com isso, você será melhor profissional, pai, mãe, marido, esposa, amigo, e que assim todos sairão ganhando. Ao longo do tempo, você perceberá que respeitar a si próprio é o melhor presente que se pode dar a alguém.

Como não basta falar, vamos começar com ações específicas para praticar o cuidado máximo com você. Nas páginas seguintes, eu apresento um plano para o início deste trabalho. Faça pelo menos uma ação por dia. Esqueça a perfeição. O importante é ir avançando na medida do possível, não desanimar com os problemas e valorizar o processo.

Quando você começar a ter um pouco mais de tempo livre (capítulo 2) e a restaurar sua energia (capítulo 3), conseguirá passar ainda mais tempo cuidando de si. Por enquanto, siga devagar e prestando bastante atenção.

APRENDENDO A SE CONHECER

Um dos aspectos mais importantes do cuidado máximo com você é se conhecer o melhor possível, aprendendo quais são suas necessidades e desejos. Como a maioria das pessoas gasta tempo demais com as necessidades dos outros, perde contato com o relacionamento mais importante de todos – com elas próprias. Como se restabelece esse relacionamento?

ENTRE EM AÇÃO! COMECE A FAZER UM DIÁRIO

Em primeiro lugar eu gostaria que você comprasse um diário. Não compre qualquer caderno de anotações. Procure um de que você goste, que ache bonito e fácil de carregar.

Um diário é um ótimo modo de começar um diálogo permanente com nós mesmos. Aos 13 anos de idade, eu comecei o meu primeiro diário para aprender a enfrentar os desafios da adolescência. Era ótimo escrever minhas idéias e sentimentos em um lugar seguro, só meu. Esse diário foi uma válvula de escape tão importante, que eu me surpreendo ao ver as pessoas relutarem em começar a escrever seu próprio diário.

Abandone qualquer tentação de perfeccionismo, pois isso tira a alegria de escrever um diário. No início, é normal ouvirmos a voz do nosso "crítico interno" dizendo o que devemos e não devemos escrever. Eu descobri uma coisa que pode ajudar a não se deixar influenciar por essa voz.

Vá escrevendo tudo o que lhe passa pela cabeça, do jeito que sair. Não se importe em cometer erros, nem se preocupe em pôr pingos nos is. O importante é escrever. Se você escrever sem parar, logo descobrirá idéias e sentimentos dos quais não tinha consciência. Em breve o "crítico interno" se cansará e você escreverá com mais naturalidade. Você vai ver como seu diário se tornará um amigo de confiança.

Se sua vida for muito ocupada e cheia de compromissos, não precisa escrever longas passagens diariamente. Não se force demais. Permita-se escrever um ou dois parágrafos quando tiver um tempo livre. Por isso é bom um diário que você possa carregar facilmente. Lembre-se de que nossa meta é progresso, não perfeição.

Avise às outras pessoas da casa que esse diário é particular, que só deve ser lido por você. Se tiver medo de que alguém o leia, é melhor guardá-lo em um lugar escondido e seguro. Assim, você poderá registrar acontecimentos e sentimentos com mais liberdade.

Se não souber como começar seu diário, posso lhe dar uma sugestão. Escolha uma das frases abaixo e leve algum tempo escrevendo sobre esse tema.

- As dez coisas pelas quais eu sinto gratidão são...
- O que eu mais gosto em mim é...
- As coisas que eu mais desejo são...
- O que eu tenho mais medo é de...
- As atitudes que poderiam mudar minha vida são...

Aos poucos, escrever o diário se tornará um hábito. Vamos então criar um tempo no seu horário apertado para você poder cuidar melhor de você.

ENTRE EM AÇÃO! ASSUMA SEU "COMPROMISSO SAGRADO"

Quando você sai com uma pessoa pela primeira vez e acha que gostaria de conhecê-la melhor, o que faz? Passa mais tempo com essa pessoa. Arruma um horário na sua agenda apertada para se encontrar com ela, conversar, trocar histórias e experiências.

É engraçado como nós sempre encontramos tempo para passar com os outros e não com nós mesmos. Mas é exatamente isso que você precisará fazer para entrar em contato com você. Reserve um tempo por semana para se dedicar a esse relacionamento – o que eu chamo de "compromisso sagrado".

Quando sugeri a Janice, minha cliente que estava à beira da exaustão, que encontrasse um tempo no seu horário apertado, ela resolveu que suas noites de domingo seriam sagradas. Reservou um tempo para ficar sozinha a fim de reavaliar sua vida e cuidar de si mesma. Às vezes, chegava a desligar o telefone para escrever seu diário, preparar sua comida preferida ou tomar um banho quente relaxante. Outras, ia ao cinema sozinha ou jantava no seu restaurante favorito.

As noites de domingo tornaram-se seu "compromisso sagrado", e ela não deixava ninguém interrompê-lo. Janice explicou às amigas que cuidar de si mesma passara a ser sua prioridade máxima, e elas captaram rapidamente a mensagem. Na verdade, algumas começaram a fazer a mesma coisa.

Que horário vai reservar para você? Escolha uma hora por semana para tornar sagrada e escreva essa hora no seu diário. Depois, pense nas coisas que você mais gostaria de fazer. Escreva as três primeiras que vierem à sua cabeça. Agora que reservou um tempo para você, os dois exercícios seguintes vão ajudar a ter uma visão objetiva de como está sua vida.

ENTRE EM AÇÃO! ESCREVA A HISTÓRIA DA SUA VIDA

Primeiro, eu gostaria que você usasse seu diário para escrever a história da sua vida. Eu sempre começo meus treinamentos com esse exercício, não só para conhecer melhor meus clientes como para ajudá-los a se conhecerem. Escrever sua história ajuda a compreender suas escolhas e a avaliar por que sua vida chegou a esse ponto.

Quais foram os acontecimentos que exerceram mais influência em sua vida? Por quê? Quando foi que você se sentiu amado, cuidado, furioso ou traído? Quando recebeu total atenção dos outros? Quais os acontecimentos de que nunca se esquecerá? Alguma coisa fez você mudar repentinamente de direção? Certo tipo de pessoa surge sempre na sua vida? As respostas a essas perguntas podem lhe dar uma valiosa percepção de quem é você.

Quando pedi a Florence, uma gerente de banco de 48 anos, que escrevesse a história da sua vida, ela achou que não seria capaz. Sugeri, então, que contasse apenas os fatos mais significativos e que falasse um pouco sobre as pessoas que a cercavam.

Ao escrever, ela ficou surpresa em perceber como repetia certos padrões na vida. Ela tinha sofrido com alguns relacionamentos com mulheres frias e autoritárias no passado. Isso começara com sua mãe e continuara ao longo da vida, deixando Florence confusa e incapaz de confiar em mulheres fortes.

Uma das primeiras razões que levaram Florence a pedir minha ajuda foi sua dificuldade de lidar com sua assistente na gerência. Essa colega não falava muito nas reuniões, o que deixava Florence nervosa, pois ela nunca sabia o que se passava na cabeça da outra.

Ela me confessou que se sentia "na defensiva" com sua assistente, como que "preparada para uma briga". Ao rever a história da sua vida, compreendeu por que esse relacionamento era tão tenso. Depois que percebeu que estava reagindo aos problemas do passado, começou a tratar a assistente de forma diferente. As duas acabaram até ficando amigas.

O que você vai descobrir quando estiver escrevendo sua história? Se achar essa idéia complicada demais, não desanime. Comece fazendo uma lista dos acontecimentos mais marcantes da sua vida. Reserve meia hora por semana e simplesmente escreva.

Para começar, separe sua vida em décadas. Ao lembrar-se de cada década, complete as seguintes frases:

Os acontecimentos significativos nessa parte da minha vida foram...
O acontecimento de que me lembro melhor é...
Esses acontecimentos marcaram minha vida das seguintes formas...
A pessoa que mais me influenciou foi...
Esse período da minha vida me influencia agora da seguinte forma...

Não se surpreenda se tiver dificuldade de se lembrar dos acontecimentos passados, pois isso ocorre com a maioria das pessoas. Peça ajuda aos amigos e à família, ou folheie álbuns de fotografia para reavivar suas lembranças. Mas tenha certeza de que escrever a história da sua vida vai ser uma grande ajuda nesse processo.

Você aprenderá muito sobre suas motivações e poderá até identificar os padrões de comportamento que atrapalham seus esforços para mudar de vida. Talvez você note que sempre teve dificuldade em estabelecer limites para os outros, por isso tem problemas para atender às suas próprias necessidades. Ou talvez observe que vivia adiando seus projetos, por isso tem dificuldade de completá-los. Tudo isso irá contribuir para você criar a vida que deseja ter.

Examine esses exercícios com seu parceiro ou grupo de treinamento. Quando completar a história da sua vida, fale dela com os outros e peça que eles lhe façam as seguintes perguntas:

- O que você aprendeu a seu respeito com este exercício?
- Com que padrões ou temas você se identificou? Tem medo de fazer mudanças? Você se contenta com pouco? Determinados tipos de pessoa surgem sempre na sua vida? Você se dispõe a correr riscos? Seu interesse em certas áreas começou cedo?
- Quais foram as pessoas que mais influenciaram você? Essas influências ajudaram ou atrapalharam?

- Se você pudesse mudar seu passado, que parte mudaria? Por quê?
- Você acha que alguma coisa do seu passado talvez não esteja deixando você fazer mudanças no presente ou no futuro?

Escreva as respostas no seu diário. Quando você contar sua história para os outros, vai descobrir que ela tem vários pontos em comum com a deles. Eu aprendi, lendo várias histórias de vida, como nós somos semelhantes. Os acontecimentos e detalhes podem ser diferentes, mas as lições aprendidas e os desejos são muito parecidos.

ENTRE EM AÇÃO! AMPLIE SUA VISÃO PARA INCLUIR SUA VIDA "TODA"

A seguir, eu gostaria que você examinasse bem como está vivendo sua vida agora. Uma forma de começar a investir nas outras áreas da sua vida, além do trabalho, é conscientizar-se daquelas que você está negligenciando.

Como já disse, a vida é feita de várias partes, e nenhuma é mais ou menos importante que as outras. É preciso alcançar um equilíbrio entre elas – vida pessoal, trabalho, saúde emocional e física, relacionamentos, bem-estar espiritual, tempo de lazer e convívio com os outros. Prestando atenção a essas áreas, você toma consciência do que está faltando na sua vida.

Por outro lado, quando você distribui seu tempo e energia de forma equilibrada, fica menos vulnerável a crises em uma área ou em outra. Dessa forma, se você perder o emprego, mas tiver um bom relacionamento amoroso, terá um apoio para seguir em frente. Se tiver amigos, não ficará tão triste ao enfrentar um divórcio.

Veja o que aconteceu com Mark. Ele tinha um relacionamento de três anos com uma mulher que o enlouquecia. Os dois viviam brigando por tudo, desde dinheiro até o fato de os amigos de um e de outro terem estilos diferentes. No último ano, Mark tentou terminar o namoro várias vezes, mas o medo da solidão fazia com que voltasse para ela.

No fundo ele sabia que precisava colocar um ponto final na relação, mas não era capaz de tomar uma atitude. Por causa dos conflitos, não conseguia se concentrar no trabalho nem em outras atividades. Passava a maior parte do tempo obcecado com a namorada e preocupado com a vida que teria se ficasse sozinho.

Ao conversarmos, Mark foi percebendo que toda a sua vida girava em torno desse relacionamento. Com minha ajuda, Mark decidiu equilibrar as coisas. Não terminou o relacionamento logo, mas limitou o tempo que passava com a namorada e passou a procurar os amigos. Voltou para a ginástica e resolveu fazer uma terapia que o ajudou a compreender seus sentimentos. Três meses depois, Mark terminou de vez com a namorada. Sofreu, mas seguiu adiante. Como tinha diversificado seus interesses, ele se sentiu fortalecido e capaz de ficar sozinho.

Em que ponto sua vida pode estar desequilibrada? Em que você concentra a maior parte do seu tempo e atenção? Há áreas da sua vida que você tem negligenciado? Se você é como a maioria das pessoas, certamente gostaria de ter mais tempo para cuidar da sua saúde, para se divertir ou para conviver com as pessoas que mais ama.

Faça dois círculos no seu diário. Divida o primeiro em partes iguais, a partir do centro. Em cada parte coloque as várias áreas de sua vida: trabalho (pode incluir as tarefas domésticas), relacionamentos e vida familiar, saúde física e emocional, lazer, contribuição para os outros, desenvolvimento espiritual.

Depois, cuidadosamente, tente dividir essas partes de acordo com a sua vida. Isso vai lhe mostrar as áreas em que você se concentra mais e aquelas em que precisa investir para ter uma qualidade de vida melhor. Tente descobrir se a maior parte do seu tempo é dedicada aos outros e o que sobra para você.

Se você constatar um desequilíbrio expressivo em sua vida, não se entristeça, nem se culpe. Lembre-se de que estamos num momento de diagnóstico para fazer as mudanças que darão qualidade à sua vida. Em suma, que farão você mais feliz.

Agora, pegue seu diário e, ao ler as seções seguintes, preste atenção às áreas que exigem mais sua atenção. Veja como você se sente – uma vaga inquietação, um aperto no peito ou um certo receio são sinais significativos. Registre-os em seu diário.

SAÚDE EMOCIONAL E FÍSICA

É fácil ignorar nossa saúde emocional e física enquanto não temos problemas. A maioria das pessoas espera até ser tarde demais. É incrível que mantenhamos a energia e a saúde apesar de nossos péssimos hábitos alimentares, da correria diária e do estresse a que nos submetemos. Chega, porém, o dia em que alguma coisa dá errado. Adoecemos, ouvimos o diagnóstico inesperado de uma doença mais grave ou notamos que não conseguimos mais dar conta das coisas como antes. É então que a maioria das pessoas, como meu cliente Jonas, finalmente começa a prestar atenção à sua saúde.

Jonas é um dinâmico corretor de imóveis, que manteve o título de melhor vendedor do escritório durante três anos. Orgulhoso, convenceu-se de que tinha sucesso porque estava disponível para seus clientes vinte e quatro horas por dia, sete dias por semana.

O estresse das interrupções durante os jantares de família, as súbitas mudanças de idéia dos compradores e a exigência de vendas rápidas por parte dos proprietários foram se acumulando e passaram a afetar Jonas. Ele vivia faltando aos eventos na escola dos filhos, e sua saúde acabou sendo prejudicada. Ele não tinha mais a energia habitual, começou a se cansar com facilidade e a sentir dificuldade de respirar. Quando finalmente foi se tratar, o médico disse que sua pressão e seu colesterol estavam altos e que, se ele não diminuísse o ritmo, acabaria com sérios problemas.

Jonas foi forçado a reavaliar suas prioridades. Ser o melhor vendedor era realmente tão importante? Ele tinha tempo para aproveitar o dinheiro que dava tanto duro para ganhar? Uma saúde precária afetaria muito sua vida familiar? Decidiu fazer uma mudança. Concordou em tirar um dia de folga todo fim de semana e agendar as visitas somente duas noites na semana. Contratou um estudante universitário para ajudá-lo no trabalho administrativo e começou a procurar um assistente para substituí-lo quando ele não estivesse disponível. No início perdeu clientes, mas ganhou uma coisa muito mais importante – sua vida de volta.

Cuidar do corpo é muito mais importante do que tratar de uma doença. Uma boa saúde significa energia para fazer tudo que queremos. À medida que arranjar um tempo livre (capítulo 2) e restaurar sua energia (capítulo 3), você verá que fica mais fácil cuidar bem do seu corpo. Pense já: há alguma mudança simples que você pode fazer agora para melhorar sua saúde física? Escreva essa mudança no seu diário.

E sua saúde emocional? Pesquisas médicas sobre a relação corpo/mente mostram que as emoções têm grande impacto na saúde física. Hoje, os médicos acreditam que a doença pode ser influenciada por nosso estado emocional. Até porque, quando tem mais tranqüilidade, você consegue fazer escolhas melhores para a sua saúde.

Cuidar da sua saúde emocional não é algo complicado. Talvez você precise de um tempo maior de lazer, de dar boas risadas com os amigos ou da ajuda de um terapeuta. O importante é descobrir o que lhe faz bem e mal, é reconhecer e respeitar seus próprios limites, é conviver com as pessoas positivas e evitar as negativas. À medida que for sentindo os efeitos de conhecer-se e cuidar-se, irá incorporando essas atitudes e protegerá sua saúde.

O que fortalece sua saúde emocional? Uma longa caminhada com um amigo? A leitura de um bom livro? Meditar, fazer ioga, passar uma semana à beira-mar ou nas montanhas? Descubra, experimente, repita, registre os efeitos.

Lorraine, enfermeira do setor de emergência de um hospital, vivia estressada e angustiada. Trabalhando juntas, descobrimos que uma coisa simples que lhe fazia bem era estar num ambiente agradável, cercada de coisas bonitas e com uma bela vista para apreciar.

Com a descoberta de que a beleza era um ingrediente importante para sua saúde emocional, decidimos fazer um plano de reforma de sua casa. Ela e o marido foram aos poucos pintando as paredes com cores suaves e alegres, mandando revestir os sofás com tecidos floridos, renovando as cortinas, clareando os móveis. Dei-lhe como tarefa ter sempre flores frescas nos vasos, arrumadas por ela. Todo esse movimento provocou uma mudança em Lorraine: ela passou a ficar mais em casa, a chamar os amigos e a se arrumar melhor. Foi o começo de sua transformação.

O que é que lhe faz bem? Pense em uma época em que você sentiu calma e relaxamento. Quais eram as circunstâncias? Escreva sobre isso no seu diário.

RELACIONAMENTOS

Os relacionamentos com pessoas queridas são o ingrediente mais importante de uma vida de alta qualidade. Como seres humanos, nós todos precisamos ter um círculo de amizades, amar e ser amados. Quando sua agenda está lotada e você corre de um compromisso para o outro, muitas vezes esquece de dar atenção às pessoas mais próximas. Inevitavelmente, isso prejudica seus relacionamentos. Minha amiga Gina lastima ter deixado de acompanhar mais de perto o crescimento dos filhos, que agora estão adultos e já saíram de casa. Na época, ela estava envolvida em mil atividades beneficentes, o que lhe oferecia uma boa justificativa para ausentar-se.

Mas nunca é tarde para se refazer um relacionamento importante. Ao perceber que Gina sofria e se culpava, mostrei-lhe que, em vez de se deixar paralisar pelo remorso, ela devia investir na relação com os filhos. Gina multiplicou as reuniões de família, passou a mandar e-mails carinhosos para os rapazes e a convidá-los para almoçar fora, querendo ouvir suas experiências e sentimentos. Acabou estabelecendo um contato que enriqueceu a todos.

Você tem negligenciado alguns relacionamentos que lhe dão alegria? Não vê seus amigos há muito tempo? Mantém um relacionamento cordial com os vizinhos? Tem parado para ouvir seus filhos e seu parceiro? Procura conversar com seus colegas de trabalho? Registre em seu diário o nome das pessoas com quem deseja estar.

DESENVOLVIMENTO ESPIRITUAL

Para alguns, desenvolver uma vida espiritual tem uma conotação religiosa. Significa freqüentar uma igreja, estudar textos religiosos e manter um papel ativo no seu grupo espiritual. Para outros, tem um sentido de paz e interioridade, encontrados através do contato com a natureza, da meditação e do estudo de diferentes práticas espirituais. Cada vez mais as pessoas querem se sentir ligadas a uma presença divina, descobri-la dentro de si. Qualquer que seja a forma escolhida para desenvolver seu bem-estar espiritual – isoladamente ou em grupo –, você sentirá uma segurança interior real e se abrirá para a experiência de unicidade, de fazer parte de um todo.

Meu cliente Terry tinha abandonado a religião católica há muito tempo, mas a morte de um amigo fez com que voltasse a questionar coisas como a vida depois da morte. Durante essa fase de questionamento, Terry foi introduzido ao budismo por um antigo colega de colégio. Quando aprendeu a prática da meditação, sentiu-se atraído pela simplicidade de sua mensagem e começou a incorporá-la à sua vida.

Como é a sua vida espiritual? É diferente da que você tinha no passado? O que "desenvolvimento espiritual" significa para você? Escreva sobre isso no seu diário.

DIVERSÃO E AVENTURA

A maioria das pessoas tem muito pouca diversão ou aventura na vida. Em geral reservam isso para as férias ou feriados prolongados. Mas a diversão é necessária para uma vida mais plena e tem um impacto na sua saúde e bem-estar. Ter mais tempo para se divertir lhe fará um enorme bem. Quase sempre nos acomodamos, por inércia, repetimos os mesmos rituais, sem nenhuma renovação. Os momentos de lazer nos ajudam a levar a vida com menos seriedade e, melhor que tudo, criam lembranças que duram para sempre. Eu tenho uma grande amiga que demorou a descobrir que gastar dinheiro com diversão era uma despesa válida.

Noreen sempre sonhou em ir ao Taiti. Durante anos falou sobre isso com as amigas, leu livros sobre a região e colecionou folhetos de viagem. Ela tinha dinheiro e podia facilmente tirar férias no trabalho, mas nunca programava a viagem. Um dia eu lhe perguntei por que e Noreen disse que achava que fazer uma viagem era uma "despesa supérflua".

Quando eu lhe mostrei que atender ao seu desejo de felicidade aumentaria sua auto-estima, com resultados positivos para a saúde física e emocional, ela começou a pensar na idéia sob outro ponto de vista. Noreen tinha sido educada com um rígido senso ético, segundo o qual a diversão era quase uma perda de tempo. Ela ainda obedecia, sem pensar, a essas regras, mas decidiu mudar de enfoque e programou sua viagem. A partir daí, ela ficou mais atenta aos mecanismos que a impediam de se divertir.

Às vezes nós precisamos ser lembrados de que o lazer é tão importante quanto o trabalho. O que você tem feito ultimamente em termos de diversão? O que gostaria de fazer? Escreva essas idéias no seu diário.

CONTRIBUIÇÃO PARA OS OUTROS

Quando estamos felizes, naturalmente desejamos dividir isso com os outros. Ajudar, mesmo com pequenos gestos, nos faz um bem enorme e nos enriquece. Um sorriso de um homem idoso que agradece o tempo que você gastou com ele ou a gratidão de uma amiga pela força que você lhe deu durante uma crise mostram que as boas ações sempre têm um retorno – mesmo que você não perceba – e que nós precisamos uns dos outros.

Meu cliente Frank encontrou uma forma ótima de servir aos outros e ao mesmo tempo divertir-se. Frank estava aposentado, sem saber o que fazer da vida. Sempre tivera jeito para contar histórias, fazendo o maior sucesso com as crianças da família. Descobrimos um hospital infantil onde Frank passou a ir duas vezes por semana para contar histórias para as crianças. Quando elas riam e gritavam deliciadas, Frank tinha uma sensação avassaladora de gratidão e amor. Essas visitas semanais transformaram sua vida.

Lembre-se de uma ocasião em que você praticou um ato – mesmo pequeno – de generosidade com os outros. Qual foi sua sensação? O que é que você poderia fazer para multiplicar esses atos? Escreva isso no seu diário.

Agora que teve oportunidade de refletir sobre as diferentes áreas que criam uma vida equilibrada, pode acrescentar algumas que sejam importantes para você. Se puder, escreva agora em seu diário como gostaria que fosse seu dia-a-dia. Essa nova imagem pode parecer uma fantasia, mas em breve você vai ver que se tornará realidade.

LIGUE A CABEÇA COM O CORAÇÃO

Muitas pessoas foram educadas para viver do pescoço para cima. Nossa cultura valoriza o conhecimento, o pensamento rápido e uma educação boa e sólida. Mas viver apenas com a cabeça nos mantém desligados dos sentimentos – e estes são a chave do cuidado com nós mesmos. Quando se perde contato com os sentimentos, várias coisas podem ocorrer.

Primeiro você toma decisões que talvez não lhe interessem tanto. Coloca suas prioridades de lado para atender às demandas dos outros e acaba fazendo o que acha que deve e não o que tem vontade de fazer. Você saberá que isso está acontecendo quando disser sim a um convite e mais tarde se der conta de que devia ter dito não.

O que também acontece quando desconhecemos nossos sentimentos é que passamos a acumular compromissos e obrigações e vamos nos sobrecarregando sem perceber. Reconheço esse comportamento nos clientes que têm uma gripe atrás da outra. É um sinal de excesso de trabalho e estresse. O alarme soa apenas quando a doença já está instalada.

Depois perdemos a sensibilidade para a beleza, o significado de determinados momentos e toda a riqueza que nossos sentimentos oferecem.

Você saberá que perdeu contato com seus sentimentos quando se sentir indiferente em situações que emocionam os outros. Seu parceiro, sua namorada, seus amigos ou familiares talvez digam que você é uma pessoa desligada e distante. A ligação entre cabeça e coração é essencial para se viver plenamente. Para ligar a cabeça com o coração, tente fazer várias vezes os seguintes exercícios.

ENTRE EM AÇÃO! PARE — RESPIRE — SINTA

Toda vez que for tomar uma decisão, pare um pouco. Relaxe, respire e pense se aquela decisão corresponde ao seu desejo, se é algo que vai contribuir para a sua felicidade. Não se precipite, nem se deixe pressionar, use o tempo que for necessário. Este é um direito seu. Quando você tiver de fazer uma escolha, pare, respire fundo e note como se sente. Há algum sinal de tensão em seu corpo? Onde? É uma coisa que você realmente quer fazer? A respiração ajuda a ligar a cabeça com o coração. O corpo nunca mente e pode tornar-se um poderoso guia para suas decisões, se você deixar.

Passe a próxima semana tomando consciência de como seu corpo reage a diferentes experiências e em várias situações. Respire fundo muitas vezes e relaxe o corpo. Existem vários CDs de meditação com exercícios de relaxamento. Exercite-se com eles. Fortalecendo a ligação entre a cabeça e o coração por meio de uma prática diária, você instintivamente começará a saber o que quer de verdade. Assim, ficará mais fácil tomar decisões baseadas no cuidado máximo com você.

DIMINUA O RITMO

Como já disse, é difícil sentir alguma coisa quando se está correndo. Vivemos numa sociedade de ritmo acelerado, mas nada nos obriga a viver de uma forma que nos prejudica. Comece a diminuir o ritmo conscientemente e note como se sente ao longo do dia. Quando fizer uma refeição, coma devagar e preste atenção no alimento: cor, sabor, consistência. Mastigue muitas vezes, não engula a comida.

Quando estiver andando pela rua, diminua o ritmo, deixe seus olhos percorrerem curiosamente os detalhes e veja como se sente. Fale mais devagar, escreva mais devagar, tenha coragem de cancelar compromissos para não ter que pular de um para o outro. E respire fundo, muitas e muitas vezes, sempre que se vir correndo. Viva o momento presente usando o seguinte exercício simples.

Quando você estiver correndo, pare e repita as seguintes declarações:

[Seu nome], pare e sinta.
Respire fundo (respire).
[Seu nome], vá devagar, note o que existe à sua volta
(olhe o ambiente em volta).
(Pergunte-se) Como eu me sinto neste momento?

Você pode usar esse exercício ao longo do dia para aprender a viver num ritmo mais lento. Talvez até queira descrever em seu diário alguns dos sentimentos com os quais tem entrado em contato. Você se surpreenderá ao descobrir que a vida é muito mais rica quando paramos para aproveitá-la.

OUÇA SUA SABEDORIA INTERIOR

Quando você começar a diminuir o ritmo e a ligar-se com seus sentimentos, será capaz de usar outro importante ingrediente do cuidado máximo com você: reavivar a ligação com sua sabedoria interior. Todos nós temos uma voz interior que, quando é ouvida, nos ajuda a tomar decisões. Nossa sabedoria – que alguns chamam de intuição – é nossa ligação fundamental com o Divino que há em nós. Quando a ouvimos e atuamos de acordo com ela, nossa vida alcança a qualidade que pode ter.

Ao longo deste livro, vou pedir que você apele para a orientação da sua sabedoria interior na hora de tomar decisões. Com o tempo, você irá confiar nela para tudo o que fizer. Eu gostaria que você começasse a abrir esse canal de comunicação com sua sabedoria interior, tentando os seguintes exercícios:

ENTRE EM AÇÃO! PEÇA UMA ORIENTAÇÃO SIMPLES

Durante o dia, pare e peça orientação à sua sabedoria interior para tomar decisões específicas. Comece com uma coisa pequena, como um bom livro para comprar ou um bom filme para ver. Preste atenção às respostas que lhe virão espontaneamente à cabeça. Talvez você veja uma imagem, ouça uma voz, ou sinta qual a escolha certa a fazer. Talvez fique pensando se a escolha se baseia na sua sabedoria interior ou só na sua imaginação. Não se preocupe. O pedido de orientação feito com convicção envia um sinal para a sua sabedoria interior e abre a porta para uma comunicação mais clara. Com o tempo, você achará mais fácil reconhecer a voz da sua sabedoria.

Amy foi convidada para ver um filme sobre os gângsteres de Las Vegas. Ela teve a intuição de que não era uma boa escolha, pois detestava violência e tinha dificuldade de esquecer esse tipo de imagem. Mas achou que estava sendo sensível demais (um julgamento comum que fazemos sobre nosso sentido intuitivo) e que não podia recusar o convite.

Durante o filme, Amy foi se sentindo cada vez pior com tanta brutalidade. Teve raiva de si mesma por não ter ouvido seu instinto, mas aprendeu uma valiosa lição que nunca mais esqueceria: confiar em sua sabedoria interior.

Agora, pare e peça orientação à sua sabedoria interior para tomar alguma decisão simples. Preste atenção aos sinais e aja com base nessa sabedoria.

Use seu diário. Se você preferir, pode escrever cartas à sua sabedoria interior. Use seu diário, comece com "Querida sabedoria interior" e diga tudo que lhe vier à cabeça. Deixe seus pensamentos fluírem sem censura nem preocupação de escrever corretamente. Termine a carta fazendo uma pergunta como:

- Qual é a melhor escolha?
- Que direção eu devo tomar?
- O que está impedindo que eu siga adiante?
- O que eu preciso aprender?

Concentre sua energia nessa pergunta quando estiver escrevendo. Feche os olhos, procure relaxar o corpo e respire muitas vezes profundamente. Quando alguma coisa vier à sua mente, escreva no diário. Pode ser que você tenha a impressão de que nada lhe veio à cabeça. Toque a vida para a frente. Em algum momento, uma idéia surgirá como resposta à sua pergunta.

No início você talvez ouça seu "crítico interior" dizer coisas como "isso é uma bobagem" ou "minha cabeça está inventando respostas". Sem dúvida é você quem está criando as respostas, mas, à medida que se liga com sua sabedoria interior, elas servirão melhor à sua necessidade.

Use seus sonhos. Prestar atenção aos seus sonhos é outra forma de se ligar com sua sabedoria interior. Todo mundo sonha, embora nem sempre se lembre dos sonhos que teve. Ao registrar no diário, mesmo que sejam só fragmentos do que foi sonhado, seu subconsciente começa a receber a mensagem que está sendo enviada e você passa a lembrar-se cada vez mais dos seus sonhos.

Antes de dormir, peça orientação à sua sabedoria interior sobre um assunto específico. Repita mentalmente essa pergunta quando for caindo no sono. Como é muito mais fácil se lembrar de fragmentos de um sonho quando você vai acordando devagar, tente planejar esse exercício no dia em que não precisar de despertador. Seus sonhos poderão lhe transmitir percepções subconscientes muito importantes.

PERGUNTE EM VOZ ALTA

O meu método favorito para ouvir minha sabedoria interior é o seguinte: quando você se vir diante de um dilema ou de um problema, levante-se e peça ajuda à sua sabedoria interior – em voz alta.

Preste atenção à primeira coisa que lhe vier à cabeça: o nome de uma pessoa, uma informação, um lugar. Nada? Seja qual for a resposta, entre em ação. Chame a pessoa em quem você pensou e peça sua ajuda, siga a informação, vá ao lugar que veio à sua cabeça, ou, se não houve resposta, pare o que está fazendo e relaxe.

Quando começar a confiar na orientação da sua sabedoria interior, vai se ver naturalmente fazendo as melhores escolhas para sua vida. Mantenha a mente aberta, ouça sua voz interior e, sobretudo, aja conforme essa orientação!

Parabéns! Chegou a hora de você recompensar-se por seu árduo trabalho e dedicação. Presenteie-se! Programe uma massagem, tire a tarde de folga e vá se divertir, veja um bom filme, ou faça alguma coisa que seja uma recompensa por ter se colocado em primeiro lugar. Você está no caminho do cuidado máximo consigo e começa a criar hábitos que ajudarão a equilibrar sua vida. Você vai ver que começarão a acontecer o que antes lhe pareceriam "coincidências", mas que são respostas à sua nova atitude, pois uma ordem superior apóia sua decisão de dar à sua vida a melhor qualidade possível. Quando acontecerem esses fatos, registre-os no seu diário e faça um círculo vermelho em volta. Deixe que eles sirvam de lembranca da mágica que ocorre quando você exercita o cuidado máximo com você.

2

DETERMINE SUAS PRIORIDADES

É SEGUNDA-FEIRA DE MANHÃ e mais uma vez Don se apressa para chegar a tempo no trabalho. Há semanas ele não consegue ir à academia de ginástica de manhã bem cedo, coisa que lhe fazia um enorme bem. Mas tem sido difícil acordar cedo, porque o estresse não o deixa dormir. Como diretor médico de um movimentado centro de saúde, ele atende a mais de trinta pacientes por dia, dá consultas por telefone e gerencia a equipe administrativa.

Don diz que tem a impressão de que sua vida está "escoando". Ele sonha em se casar e constituir família, mas acha que não conseguiria conciliar esposa e filhos com seu horário louco. No carro, a caminho do trabalho, fica pensando como será seu dia até as sete da noite, com pacientes marcados e reuniões de equipe. Mais uma vez terá de cancelar seu jogo de tênis com George, um amigo que está quase perdendo a paciência com ele. Don está cansado de nunca ter tempo para nada. Quando pára no sinal, reclina a cabeça no banco, fecha os olhos e diz a si próprio pela centésima vez que essa loucura tem de acabar.

Quantas vezes você sentiu, como Don, a frustração de não encontrar tempo para fazer coisas que considera fundamentais? Dar uma caminhada matinal, almoçar com um amigo ou ler um bom livro fazem parte da sua lista interminável de "coisas a fazer"? Há quanto tempo você não pega uma sessão de cinema à tarde ou relaxa à noite vendo televisão na cama?

Milhões de pessoas fazem malabarismos diários para conciliar vida pessoal e profissional. Além de trabalhar várias horas por dia, elas se incumbem de obrigações como ir ao banco e fazer compras na hora do almoço e nos fins de semana. Sem falar que precisam dar atenção à família. Fazem cursos profissionais, assistem a conferências e lidam com as últimas tecnologias, tentando se manter atualizadas. E-mail, fax, secretária eletrônica e Sedex – as coisas que supostamente tornam a vida mais fácil – exigem sua atenção, forçando-as a colocar seus interesses pessoais em último lugar. Não é de admirar que os livros de auto-ajuda tenham se tornado tão populares. O desejo de acabar com essa loucura é grande.

Você tem duas alternativas: pode manter as coisas como estão e esperar para ver se a vida se torna melhor, ou pode tomar alguma providência para mudar. Neste capítulo continuaremos a falar sobre o cuidado máximo com você, focalizando três pontos necessários para a organização das suas prioridades.

Primeiro vamos ver como você está usando seu tempo. Quais são as coisas que ocupam mais o seu dia? Se você parar para pensar, poderá perceber claramente como suas prioridades foram determinadas e se elas fazem sentido. É o primeiro passo para descobrir as mudanças que terá de fazer para gozar a vida.

Depois de identificar suas prioridades atuais, peça orientação à sua sabedoria interior para saber as mudanças que terá de fazer. Seguindo o que ela mostrar, você reorganizará suas prioridades ou estabelecerá outras a fim de mudar seu foco e sua atenção para o que é realmente importante. Finalmente, estabelecidas suas novas prioridades, eu lhe ensinarei como respeitá-las.

PARA ONDE VAI TODO O SEU TEMPO?

Vamos começar estudando sua programação. Como você passa seu tempo? Nesse ponto meus clientes ficam nervosos. Quando eu lhes peço me enviem um fax com os compromissos de sua agenda para podermos examinar uma típica semana da sua vida, eles começam a explicar por que não podem cancelar nada. "Essa é a terceira vez que eu troco o dia do jantar, se cancelar de novo ela me mata", "Eu me comprometi a ir a essa reunião e não posso recuar agora" ou "Eu sou vice-presidente do conselho, é minha obrigação estar presente nas reuniões duas vezes por semana". A mensagem contida em cada uma dessas desculpas é que ninguém se considera com direito de escolher a forma de usar seu tempo. É aí que se comete o primeiro erro: acreditar nessa mentira.

Nós todos podemos fazer escolhas. Algumas parecem mais difíceis, como faltar a um compromisso, cancelar uma hora marcada, largar um trabalho que exige demais, terminar um relacionamento que consome nossa energia, ou dizer não ao pedido de um filho. Mas é bom não confundir escolhas difíceis com impossibilidade de escolha.

Se você quiser uma melhora rápida e drástica de qualidade de vida, faça uma grande escolha. Por exemplo, demita-se da vice-presidência do conselho e deixe que outra pessoa ocupe seu lugar. É claro que essa decisão pode ser difícil e talvez você se preocupe com a reação dos outros, mas sua qualidade de vida irá melhorar imediatamente.

Se preferir, faça uma escolha menor. Cancele seus compromissos para a tarde e use esse tempo para se divertir, ou reduza seu nível de estresse tirando uma noite de folga durante a semana. O importante é que você *pode* escolher sua forma de viver. Basta ter disposição e querer mesmo fazer essas escolhas.

O tempo é finito – uma semana tem 168 horas, e cada ano tem 52 semanas. É uma dádiva que a maioria de nós não valoriza. Ficamos tão aprisionados à rotina, que raramente paramos para olhar como estamos aproveitando nossos dias. O que fazemos é usar cadernos de anotações, agendas eletrônicas e outros instrumentos elaborados, convencidos de que, dessa forma, administramos melhor nosso tempo. Mas isso é uma ilusão. A única forma de criar mais tempo é dizer não, programar menos compromissos e cancelar atividades. Isso se chama "auto-administração", não administração do tempo.

Alguns clientes dizem que mal encontram tempo para ir ao banheiro, que dirá para fazer o curso com que sempre sonharam, bater um papo com um amigo, ou qualquer outra atividade prazerosa. Quando eu olho para os inúmeros compromissos que eles agendam por dia, percebo claramente por que estão perdendo o controle da própria vida. Não há literalmente horas suficientes para se fazer tanta coisa.

Horas totais disponíveis em um dia:	24
Tempo médio gasto:	
Dormindo (inclui o tempo que se fica na cama, não necessariamente dormindo)	7
Trabalhando (inclui deslocamento, leituras de relatórios, preocupação, etc.)	12
Manutenção de vida (comer, tomar banho, vestir-se, fazer compras, limpeza da casa, etc.)	4
Tempo pessoal (exercícios físicos, convívio com os amigos e a família, etc.)	1
Total de horas sobrando	0

Com uma programação dessas, os fins de semana são inteiramente tomados por obrigações, como lavar roupa, consertar o carro ou o computador, fazer compras de casa ou outras tarefas pessoais, além do trabalho que inevitavelmente é levado para casa, na pasta ou dentro da cabeça. Quando você faz uma soma semanal, o quadro é ainda mais comprometedor.

Uma das melhores formas de ver se sua programação reflete suas prioridades é colocar no papel os detalhes de uma programação semanal típica. Foi o que pedi a uma cliente chamada Joan.

Joan é casada, mãe de dois filhos, estuda em tempo integral e cuida da família. Seu marido, funcionário de uma empresa provedora de acesso à Internet, raramente janta em casa com os filhos. Durante nossa sessão, Joan falou que se sente distante do marido e se irrita facilmente com os filhos. Questionou sua vontade inicial de terminar os estudos e admitiu que tinha uma fantasia secreta de mudar de vida. Examinamos suas atividades durante uma semana, reservando em média oito horas de sono por dia, e chegamos a este resultado:

1. Estudo (aulas, deslocamento, trabalho de casa, tempo de estudo) – 42 horas por semana.
2. Tarefas diárias (cuidados pessoais, limpar a casa, fazer compras, cozinhar, lavar roupa, etc.) – 24 horas por semana.
3. Tempo com as crianças (cuidar delas, divertir-se junto, servir de motorista) – 26 horas por semana.
4. Tempo desperdiçado (sentindo-se exausta, desanimada e incapaz de fazer qualquer coisa) – 10 horas por semana.
5. Tempo de diversão com o marido – 3 horas por semana.
6. Tempo para si própria (lendo, relaxando) – 2 horas por semana.
7. Saúde emocional e física/tempo com os amigos – 5 horas por semana.

Quando você está entregue à engrenagem de uma programação febril, dificilmente vê como está usando seu tempo ou se suas prioridades estão sendo cumpridas. Joan surpreendeu-se ao descobrir o pouco tempo que tinha para si própria ou para sua saúde e bem-estar, e ficou se perguntando como as coisas tinham chegado a esse ponto.

Por isso é preciso parar e olhar bem para o que realmente está tomando nosso tempo. Em geral meus clientes dizem que sua família é prioritária, mas quando examinam sua programação semanal descobrem que dedicam apenas três horas a essa prioridade.

No final deste capítulo daremos uma olhada nas novas prioridades de Joan e veremos como ela reorganizou sua programação para respeitá-las. Mas primeiro vamos descobrir o que acontece com o seu tempo.

COMO O SEU TEMPO É GASTO?

Onde você passa a maior parte do seu tempo? Faça um gráfico do seu tempo com suas atividades diárias e o número médio de horas gastas com cada uma. Lembre-se dos detalhes. Se o trabalho for uma parte importante da sua vida, discrimine suas tarefas diárias no escritório para ver se você está gastando tempo naquilo de que mais gosta.

Ao calcular o tempo de trabalho, acrescente o tempo gasto com deslocamento, preparação e preocupações. Some essas horas todas e veja quantas horas você gasta na realidade trabalhando.

Se você tem uma agenda, dê uma olhada nas últimas semanas para analisar melhor em que seu tempo é gasto. Se não tem agenda, peça aos parentes ou amigos íntimos que descrevam como eles acham que você passa seu tempo. Às vezes, eu falo com os cônjuges, secretárias ou colegas de trabalho dos meus clientes para ajudá-los a criar um quadro claro do que eles fazem durante a semana. Esses depoimentos ajudam a identificar comportamentos que nem você percebe.

Numa coluna à esquerda liste suas atividades usando os exemplos a seguir. Depois preencha o tempo médio gasto para cada atividade durante cada dia da semana. No final, some as horas de cada dia e da semana.

LISTA DE ATIVIDADES

Viajar
Estudar
Preocupar-se
Divertir-se
Dormir
Fazer compras
Cuidar dos filhos
Pagar contas
Deslocar-se
Estar com os amigos e a família
Ver televisão
Fazer trabalho voluntário
Curtir sua solidão
Ter hobbies
Cuidar da sua saúde e do seu bem-estar
Descansar e relaxar
Responder a telefonemas e e-mails
Dedicar-se a uma prática espiritual
Trabalhar (inclui deslocamento, preparação, preocupação, pensamento criativo/imaginação)
Refletir
Realizar tarefas domésticas (limpar, cozinhar, fazer compras, consertos/manutenção)

LISTE SUAS PRIORIDADES ATUAIS

A forma como usa seu tempo mostra como você acabou organizando suas prioridades. Saiba o que é mais importante em sua vida vendo o número de horas que dedica a cada atividade. Usando o número total de horas do seu gráfico de tempo, liste no seu diário suas prioridades atuais. Comece com o item que lhe toma mais tempo e termine com o que toma menos tempo.

Ao examinar a lista, escreva no seu diário as respostas às seguintes perguntas:

1. Eu estou vivendo uma vida equilibrada?
2. O que está faltando nessa lista?
3. Se essa fosse minha última semana de vida, eu estaria feliz com a forma com que estou usando meu tempo?
4. Minhas prioridades são as que eu pensei que seriam?
5. São essas as prioridades que eu quero?
6. Quanto tempo eu gasto cuidando dos outros?
7. Eu tenho excesso de atividades?

Alguns clientes realmente concluem que não têm tempo suficiente. Às vezes, a soma de tudo que fazem chega a ultrapassar as 168 horas existentes em uma semana. Embora isso possa acontecer em resultado da estimativa de horas, mais freqüentemente é resultado de uma programação louca.

ENTRE EM AÇÃO! DEFINA SUAS NOVAS PRIORIDADES

Agora que você definiu suas prioridades atuais – as atividades que mais tomam seu tempo –, pode reavaliar a lista e escolher conscientemente novas prioridades com base no que é realmente importante para sua vida. A ligação com sua sabedoria interior é uma parte crucial desse planejamento.

Separe um tempo durante a tarde para fazer esse exercício, sem interrupção. Se você trabalha fora, é melhor fazer o exercício em algum outro lugar para não sofrer interrupções. Considere esse tempo sagrado para você entrar dentro de si e decidir o que quer e o que não quer continuar fazendo.

Peça orientação à sua sabedoria interior para escrever suas novas prioridades. Comece entrando em estado de relaxamento. Feche os olhos, respire fundo e relaxe o corpo a cada respiração. Deixe seus pensamentos fluírem livremente. Abra seu diário e, com base na sua atual lista de prioridades, responda às seguintes perguntas:

O que é mais importante para você nessa atual fase da vida?
Onde você gostaria de passar mais tempo?
Se pudesse fazer qualquer coisa que quisesse sem restrições, o que faria?
Você precisa dar mais atenção à sua saúde, aos seus relacionamentos, ao seu trabalho, aos seus interesses financeiros ou a qualquer outra área?
Você tem um sonho ou desejo secreto que é sempre posto de lado e ao qual você gostaria de dedicar mais tempo? Qual é esse desejo?
Você precisa dar menos ou mais atenção a que área?

Escreva as primeiras respostas que lhe vierem à cabeça. Libere seus desejos. O que você quer? Esqueça os "tenho que" e concentre-se nos "quero". O que é importante para o seu bem-estar e crescimento pessoal? Você está preso a um trabalho que detesta em razão de problemas financeiros? Considere prioritário colocar suas finanças em dia. Você gostaria de se divertir mais? Coloque isso na lista. Você tem um projeto que vive adiando, como escrever um livro ou estudar uma língua estrangeira? Escreva isso também. Não faça por menos. É a sua vida que está em jogo. Escolha as suas prioridades e coloque-as na lista. Considere todas as áreas da sua vida:

Saúde emocional e física
Relacionamentos
Bem-estar espiritual
Trabalho
Serviços/contribuição para os outros
Diversão/aventura/lazer.

ENTRE EM AÇÃO! CRIE UMA LISTA DE "SIM ABSOLUTO"

Depois de ter definido o que é importante, você vai criar uma nova lista – a lista de "sim absoluto". Essa será sua nova lista de prioridades, que servirá de inspiração para que você use seu tempo de forma diferente. A lista de "sim absoluto" servirá de ajuda na hora de fazer escolhas quanto à forma de viver sua vida. Como exemplo, voltemos a Joan.

Quando Joan refez sua lista de prioridades, percebeu que, se não dedicasse uma atenção especial à sua saúde emocional e física, ficaria esgotada e não seria capaz de cuidar de si própria nem da sua família. Ela reservou mais tempo para ler, meditar ou não fazer absolutamente nada.

Como concluiu que um casamento bem estruturado é uma base necessária para criar filhos, decidiu encontrar tempo para o marido e colocou isso em segundo lugar da lista. Não só passaria mais tempo com ele durante a semana como reservaria um fim de semana a cada dois meses para fazerem juntos uma viagem curta. Muitos casais trabalham tanto, que se descuidam do relacionamento e acabam se distanciando um do outro. Joan e o marido resolveram investir no casamento, passando mais tempo juntos.

Joan decidiu também reduzir as matérias que fazia por semestre. Ao refazer sua lista, percebeu que sua qualidade de vida era mais importante que terminar a faculdade dentro do prazo que ela própria havia estabelecido. Essa decisão permitiu que aproveitasse melhor tanto o curso quanto sua vida – um conceito inteiramente novo.

Tentou conciliar o tempo dedicado à família com o tempo para as amigas. Ela e uma amiga passaram a fazer atividades junto com os filhos. Eu recomendei que ela contratasse uma empregada pelo menos duas vezes por mês para fazer uma boa faxina na casa, lavar e passar a roupa. E encorajei Joan a desistir de controlar tudo e a deixar que seu marido a ajudasse mais com as crianças. Quando ela completou a lista, teve uma sensação imediata de alívio e de entusiasmo com o novo foco do seu tempo. Sua nova lista era a seguinte:

1. Saúde emocional e física – passar um tempo sozinha, lendo, meditando diariamente, fazendo exercício
2. Relacionamento com o marido – conversar toda noite antes de irem para a cama, sair à noite durante a semana, viajar um fim de semana a cada dois meses
3. Relacionamento com os filhos – cuidar deles, divertir-se com eles, ser "motorista" deles
4. Estudo – assistir às aulas, deslocar-se até a faculdade, estudar para os exames
5. Tempo com as amigas – jantar, ir ao cinema, preparar refeições com elas
6. Tarefas domésticas – fazer compras, cozinhar.

Joan levou mais ou menos seis meses para fazer as mudanças necessárias e honrar suas novas prioridades. Teve de lidar com seu sentimento de culpa por estar se colocando em primeiro lugar e dedicando menos tempo ao seu lado "mãe" e "esposa". Mas logo percebeu que cuidar de si mesma era a melhor forma de cuidar da família. Aliás, seu marido e seus filhos reagiram bem às mudanças porque perceberam que ela ficou mais feliz e bem-humorada.

Agora que você já teve algum tempo para estabelecer novas prioridades, pegue seu diário e crie sua lista de "sim absoluto".

Você se anima com essa lista? Sente inspiração para mudar de foco e dar mais atenção a essas áreas? Agora que completou a lista, copie-a em vários cartões pequenos e mantenha esses cartões sempre à vista. Coloque um na sua agenda, um no espelho do banheiro, um no painel do carro. Ponha um ao lado do telefone para resistir à tentação de marcar algum compromisso que não seja prioritário. Sua lista de "sim absoluto" é um lembrete sobre o que é importante – o que você realmente quer. E, quando você sabe o que quer, seu foco fica claríssimo e você é capaz de cumprir suas prioridades em qualquer situação.

CUMPRIR SUAS NOVAS PRIORIDADES

Agora que você sabe quais são suas novas prioridades, o próximo passo é cumpri-las. Eu gostaria de dar permissão para você reorientar sua vida em torno do que achar mais importante. Isso pode ser feito por meio de uma ou mais das seguintes estratégias:

- Leve suas prioridades para o dia-a-dia da sua vida
- Aprenda a dizer "não"
- Programe um tempo para sua vida.

ENTRE EM AÇÃO! LEVE SUAS PRIORIDADES PARA O DIA-A-DIA DA SUA VIDA

Vamos começar mudando seu modo de pensar sobre a forma de usar o tempo. Em vez de tentar "encaixar" na sua agenda lotada atividades que reflitam suas prioridades, procure enriquecer sua vida com elas. Por exemplo, se divertimento estiver na sua lista de "sim absoluto", procure incluir divertimento nas suas tarefas ou ocorrências diárias. Minha cliente Lindsay é um bom exemplo. Quando teve de enfrentar um grande desafio, cumpriu sua prioridade tirando proveito disso para divertir-se.

Lindsay e o marido decidiram que ele aceitaria um novo cargo em uma empresa localizada em outro estado. Embora esse emprego significasse um aumento de 25 mil dólares no salário anual, havia um problema: ele tinha apenas três meses para vender a casa e mudar-se com a família antes que o novo ano letivo começasse. Parecia que o destino tinha passado por cima da nova prioridade de Lindsay e iria desorganizar sua vida, mas ela resolveu usar essa oportunidade para exercitar sua criatividade.

Lindsay sempre foi uma pessoa séria demais. Quando refez suas prioridades, decidiu "tornar-se mais leve" e acrescentou divertimento à sua lista. Para cumprir essa prioridade, eu pedi que Lindsay tentasse transformar o problema da mudança em uma coisa divertida e fácil. Com a ajuda da família e dos amigos, ela organizou uma festa de "empacotamento noturno": todos levaram várias caixas para organizar a mudança e CDs para criar um clima alegre.

Para não perder tempo, Lindsay preparou uma lista de tudo que precisava ser feito e distribuiu as tarefas. Sua irmã ofereceu-se para pesquisar a área onde ela iria morar e conversar com os corretores. Uma amiga se encarregou de visitar as escolas locais e verificar a qualidade dos serviços médicos e até a disponibilidade de babás e empregadas. Lindsay optou por pagar uma faxineira para limpar sua casa quando a mudança tivesse terminado.

Tudo transcorreu muito bem, e ela resolveu se presentear com uma relaxante sessão de massagem e um passeio com as crianças. Suas amigas e seus parentes também ficaram felizes porque, ao ajudar a tornar a mudança divertida, puderam aproveitar de uma forma especial os últimos momentos antes de Lindsay viajar.

Com planificação própria e pensamento criativo, quase todas as situações podem ser oportunidades para você cumprir suas prioridades. Minha cliente Lois, designer de interior, tornou seu bem-estar espiritual alta prioridade, mudando radicalmente o foco do seu negócio. Deixou de fazer projetos tradicionais e se especializou em ambientes que "alimentassem a alma". Em um ano, Lois ficou tão conhecida por essa especialidade que teve de contratar duas assistentes para ajudá-la a dar conta do trabalho.

Como você introduzirá suas prioridades na vida diária? Dê uma olhada na sua lista de "sim absoluto" e escreva três exemplos no seu diário. Se não souber como fazer isso, peça sugestões ao seu parceiro ou grupo de treinamento.

ENTRE EM AÇÃO! DIGA "NÃO", A MENOS QUE SEJA UM "SIM ABSOLUTO"

Depois que você determinar a que vai dizer "sim", a capacidade de dizer "não" precisará ser desenvolvida. A incapacidade de usar essa palavra é o maior empecilho que a maioria das pessoas enfrenta para viver a vida que deseja. É por isso que a lista do "sim absoluto" deve ser preenchida com as coisas verdadeiramente importantes para você. Quando suas prioridades são fortes, a motivação para dizer "não" é grande.

Você decide o que fará e o que não fará. Se disser "sim" só para aquilo que realmente quiser, pode evitar sentimentos de frustração ou raiva por estar se forçando a fazer uma coisa que não gostaria de fazer. Uma boa forma de saber quantas vezes você diz "sim" quando queria dizer "não" é conscientizar-se de como toma suas decisões.

Na próxima semana, veja quantas vezes você concorda com alguma coisa, mas o seu "sim" não é verdadeiro, não é o tipo de "sim" que você diz quando o convite é para assistir a uma boa peça de teatro ou a um show. Note quantas vezes se arrepende de um compromisso que assumiu, marque o número de vezes na sua agenda e some tudo no final da semana. Que surpresa!

Se você for como a maioria das pessoas, provavelmente vai se ver dizendo "sim" para coisas que não são prioritárias. Talvez concorde em jantar com uma colega do escritório simplesmente porque ela insistiu. Ou aceite um projeto extra no trabalho, aumentando seu nível de estresse, para agradar seu chefe. Quando um familiar telefona no meio do jantar, talvez você fale com certa irritação porque não sabe dizer que prefere ligar mais tarde. Decisões desse tipo, em geral tomadas rapidamente, sem pensar, roubam seu precioso tempo.

Conscientização é o primeiro passo. Veja quantas vezes você faz coisas que preferiria não fazer e comece a tomar decisões baseadas no que você quer. Use o exercício *Pare – Respire – Sinta,* do capítulo 1. Antes de responder a uma solicitação do seu tempo, pense com calma. Para muita gente o "sim" é uma resposta automática, a resposta mais fácil.

Minha cliente Sally era conhecida por dizer sempre "sim". Era para ela que as amigas e os parentes apelavam quando precisavam de ajuda. Para Sally, aprender a dizer "não" foi uma tarefa dolorosa. Ela era muito prestativa e tinha se acostumado a ser necessária para os outros. Dizia que se sentia amada assim. Achava que se dissesse "não" as pessoas se zangariam e deixariam de procurá-la.

Para facilitar as coisas, eu pedi que Sally avisasse às amigas e à família que, devido às suas novas prioridades, ela muitas vezes teria de dizer "não" aos pedidos de ajuda. Ao mudar seu comportamento, reservando um tempo só para si, Sally se arriscava a perder esses relacionamentos, por isso ela precisaria ter muita fé em si mesma.

Sally ficou surpresa ao ver que algumas pessoas não só a compreenderam como quiseram apoiá-la. Outras, naturalmente, encontraram novos amigos para socorrê-las. Mas o melhor é que, quando ela começou a se cuidar, não precisou nem quis mais saber desses relacionamentos em que só dava sem receber nada em troca.

Por que você não consegue dizer "não"? Qual o empecilho? Quando eu pergunto isso aos meus clientes, ouço as seguintes respostas:

Se eu disser "não", as pessoas ficarão desapontadas.
Se eu disser "não", vou ter de agüentar as reações que os outros possam ter.
Tenho medo de virar o barco e criar um conflito.
Se eu disser "não", posso me arrepender mais tarde.
Se eu disser "não", as pessoas não vão gostar de mim.
Se eu disser "não", as pessoas não vão me pedir mais nada.
Se eu disser "não", alguém pode se zangar ou querer terminar o relacionamento comigo, ou eu posso perder meu emprego.
É mais fácil dizer "sim".

O denominador comum de todas as afirmações é o medo. Dizer não suscita o medo de desapontar ou magoar os outros, de perder oportunidades e de cometer erros. Mas dizer "não" para os outros significa dizer "sim" para você! Use seus cartões de "sim absoluto" como guia. Mantenha-os à mão e olhe-os a toda hora. Não deixe que o medo atrapalhe sua decisão de viver a vida que deseja.

Para determinar se o medo está impedindo que você diga "não", use a seguinte pergunta como guia:

Se você pudesse dizer "não", sabendo que não haveria mágoa de espécie alguma nem conseqüências negativas, a quem ou a que coisa você diria "não"?

Você desistiria de um projeto? Acabaria com um relacionamento? Deixaria de ir a um encontro marcado? As respostas a essas perguntas poderão mostrar a verdadeira motivação por trás dos compromissos que você assume e dos quais se arrepende depois. Talvez você tenha mais medo de virar o barco que de não cumprir suas prioridades.

Escreva no seu diário cinco coisas às quais você gostaria de dizer "não". Depois, peça apoio ao seu parceiro ou grupo de treinamento. Veja o primeiro "não" da lista e entre em ação. Não há nada demais em dizer "não". Há momentos em que você terá de desapontar os outros para criar uma vida de alta qualidade. Tenha em mente que há um princípio espiritual operando na sua vida: quando você se cuida bem, os outros saem ganhando também. Eles podem ficar desapontados ou zangados, mas isso não invalida sua decisão de dizer "não".

Muitos clientes se surpreendem quando descobrem que têm direito de mudar de idéia. Minha cliente Jenny, enfermeira de um hospital de emergência, tinha se matriculado para assistir a uma conferência com uma amiga no fim de semana. Sentindo-se exausta depois de um plantão pesado, tudo que Jenny queria era ficar em casa relaxando. Quando sugeri que cancelasse a matrícula e dissesse à amiga que tinha desistido de ir à conferência, ela pareceu surpresa. Disse que nem lhe passara pela cabeça cancelar o compromisso.

Jenny tomou coragem, telefonou para a amiga e explicou a situação. Apesar das queixas da amiga, Jenny manteve-se firme e não foi. Na semana seguinte, soube que sua amiga tinha conhecido um rapaz na conferência e se divertido muito.

No início, talvez você tenha de fazer escolhas difíceis, cancelar seus planos e até deixar alguém na mão. Mas, à medida que aprender a tomar decisões melhores, terá menos necessidade de voltar atrás. Por enquanto, simplesmente mude de idéia e peça desculpas depois. O importante é escolher as palavras certas para não magoar os outros. Tente algo como:

"Eu percebi que estou fazendo coisas demais. Assumi o compromisso de cuidar de mim, por isso vou ter de cancelar nossos planos. Desculpe, espero que você compreenda. Vamos marcar uma hora na segunda-feira da próxima semana."

A forma de transmitir essa mensagem é tão importante quanto o que você diz. Fale de maneira direta e gentil. Não é preciso explicar demais. Prenda-se à verdade – respeitar-se é sempre uma desculpa válida.

Para não ter de mudar de idéia, pense bem antes de aceitar novos compromisssos. Se você não tem certeza de que poderá comparecer a um jantar ou a qualquer outro evento, avise que talvez precise mudar seus planos no último momento.

Comece a fazer com que seus compromissos trabalhem para você. Se acha que pode terminar um projeto em uma semana, diga que precisará de duas e entregue-o antes. Em vez de usar prazos para se motivar, siga num passo menos acelerado e aproveite o processo. Isso lhe dará tempo para respirar, e você conseguirá enorme reconhecimento por manter sempre sua palavra.

ENTRE EM AÇÃO! DÊ UM TEMPO PARA SUA VIDA

Para assumir seu compromisso sagrado do capítulo 1, olhe sua agenda e reserve uma tarde ou uma noite por semana só para você nos seis próximos meses (escreva isso à tinta!). Se trabalha por conta própria, em geral eu recomendo que tire um dia inteiro por semana. Assim, se alguma coisa importante surgir, você já usou uma parte do dia.

Passe esse tempo fazendo alguma coisa que realmente lhe agrade. Deixe o trabalho de lado e divirta-se. Faça um passeio de bicicleta, vá ao cinema ou a um museu. Permita-se não pensar em nada! Nós todos precisamos parar um pouco de pensar. Com horários muito rígidos, perdemos contato com o prazer de não ir a nenhum lugar especial. Programe "intervalos de espontaneidade" no fim do dia, quando não tiver nada importante esperando por você. Um tempo sem planejamento é essencial para uma vida de qualidade e sucesso.

Isso servirá como uma proteção contra excesso de compromissos. Reservando um tempo para sua vida primeiro, você terá mais facilidade de tomar decisões sobre solicitações futuras. Estará tratando da fonte do problema. Se isso não for possível para você, não será possível para ninguém.

Eu creio tão piamente em tirar um tempo regular de folga que, em geral, recomendo isso como uma estratégia de marketing para os clientes que são empresários. De início eles acham que eu sou meio maluca quando digo que tirar folgas freqüentes ou férias pode realmente melhorar o negócio. Quando eu sugeri isso a Grace, uma profissional incrível que está à frente de um poderoso grupo comercial, ela riu e falou: "De jeito nenhum."

Quando Grace começou o treinamento comigo, queixava-se de que sua empresa tinha estacionado num determinado patamar. Ao examinar uma típica semana de Grace, vi que seu horário era completamente cheio. Além de se dedicar aos negócios, ela trabalhava três noites por semana como voluntária para duas organizações não-governamentais. No fim de semana, trabalhava em casa para resolver pendências do escritório. Eu falei que, se ela quisesse organizar sua empresa, precisaria abrir mão das atividades voluntárias e separar dois dias por semana para descansar e planejar o futuro da companhia. Grace relutou em abrir mão de qualquer dessas coisas.

Porém, concordou em reduzir seus compromissos e nas três

semanas seguintes disse "não" a várias solicitações. De início sentiu-se estranha. Mas, quando começou a ter um tempo livre, viu como suas prioridades de vida estavam desequilibradas. Ao perceber como sua vida poderia ser mais agradável, ela reduziu ainda mais suas atividades. Três meses depois pediu demissão das organizações onde trabalhava como voluntária.

Quando Grace verificou o balanço da sua empresa no final do ano, ficou surpresa ao ver que as vendas tinham aumentado 20 por cento depois que ela começou a cuidar de si mesma. Quando diminui o ritmo, reserva um tempo para a sua vida e você se cuida da melhor maneira possível, o sucesso sempre bate à sua porta. Grace planejou imediatamente suas próximas férias.

Quando começar a dizer "não", você descobrirá que terá mais espaço na sua agenda. Mas não caia na tentação de preenchê-lo de imediato. Não se deixe levar pelo vácuo que o tempo e o espaço extra criarão. Permita-se apenas "existir" por algum tempo. Muitas vezes os clientes se queixam de tédio quando têm tempo livre, e ficam ansiosos para fazer alguma coisa. Mas habituar-se a esse tédio permitirá que você tenha paz de espírito.

Tente intencionalmente não fazer nada. Tire umas horas de folga para apenas existir. Comece com um intervalo de cinco minutos e sente-se num canto, sem falar, relaxando e deixando sua cabeça descansar. Quando se sentir impaciente ou desconfortável, respire fundo e traga sua cabeça de volta. Todo dia acrescente um minuto a esse exercício, até conseguir sentar-se confortavelmente durante vinte a trinta minutos. Com esse exercício simples, você vai aprender a "ser" em vez de sempre "fazer".

Meu cliente Raymond, um empresário ocupadíssimo, detestava sentir-se entediado. Ele levava sempre alguma coisa para ler caso chegasse cedo num encontro, ficasse preso no trânsito ou fosse forçado a esperar alguém. A idéia de não fazer nada deixava-o maluco. Quando se viu com um tempo livre, concordou, para me agradar, em participar de um jogo que eu tinha aprendido com uma amiga.

Pedi que Raymond fechasse os olhos e fizesse uma contagem regressiva de cem a oitenta, visualizando de cabeça cada um dos números. Sempre que ele se distraía e não via o número, tinha de começar de novo a partir de cem. Todo dia ele devia acrescentar dez números a essa contagem até conseguir chegar ao zero.

Depois de praticar esse exercício durante três meses, não só Raymond conseguiu chegar ao zero como conseguiu concentrar sua atenção de forma poderosa. Considerou esse jogo sua nova disciplina espiritual.

Observe os sinais que indicam que você está a ponto de ser engolido por uma vida ocupada demais. Quando meus clientes começam a ter tempo sobrando, eles dizem coisas como "Eu acho que está na hora de começar um novo projeto" ou "Eu tenho a impressão de que todos estão seguindo em frente e eu estou parado". Ou ainda: "Eu tenho me sentido triste e um pouco solitário, e não sei o que fazer comigo." Se você se sentir assim, estará no lugar certo. Que isso seja um sinal para você agüentar o tédio ou o desconforto até chegar do outro lado. Quando se habituar a ter espaço e tempo extra, aprenderá a preencher esse tempo só com o que é realmente importante: os itens da lista de seu "sim absoluto".

Proteja suas prioridades. Agora que você sabe o que é importante, crie limites. Pense nisso e siga as novas regras. Por exemplo, se sua paz de espírito for uma prioridade, crie uma regra para não atender mais o telefone depois das dez da noite ou antes das nove da manhã. Estabelecendo esses limites, você estará automaticamente criando um ambiente harmonioso em casa. Se for importante para você manter um equilíbrio entre sua vida profissional e sua vida pessoal, pare de trabalhar nos fins de semana. Meu cliente Rich, que trabalha em casa, fecha a porta do escritório na sexta-feira às cinco da tarde e só entra nele de novo às dez da manhã da segunda-feira.

Pense nessas novas regras como uma forma de criar um tempo e um espaço "protegidos" para o que for realmente importante. Reveja sua lista de "sim absoluto" e pergunte-se que novos limites vai precisar estabelecer para garantir que suas prioridades sejam protegidas. Quando seguir as regras novas, criará a vida que você deseja!

Você merece viver a vida dos seus sonhos. Se não pilotar seu próprio avião, outra pessoa pilotará. Não deixe os outros determinarem sua qualidade de vida – tome o controle desse processo. Diga "não", mude de idéia, faça o que for preciso para reservar um tempo para a sua vida. Deixe a lista do "sim absoluto" governar sua qualidade de vida. Gratifique-se pelo trabalho duro que fez até aqui. Tire um dia de folga!

3

O QUE ESTÁ DESGASTANDO VOCÊ?

JODY ERA MINHA PRIMEIRA CLIENTE DO DIA. Quando atendi o telefone, ela mal podia conter sua euforia. Tinha realmente aderido à idéia do cuidado máximo com ela e queria me contar um sucesso recente. Durante nossa última sessão de treinamento, eu lhe dei uma lista que chamei de "O que está consumindo sua energia?", para ela identificar as coisas que poderiam estar desgastando-a. Jody já tinha completado vários itens da sua lista, e um deles em particular foi responsável pela sua euforia.

Jody trabalha para uma produtora de filmes na costa oeste dos Estados Unidos. Nos últimos quatro anos, além do emprego de horário integral, ela vinha trabalhando num roteiro para o cinema. Quase todas as noites passava de duas a quatro horas escrevendo. Há seis meses terminou o trabalho, que ficou criando poeira na sua mesa. Por alguma razão, não conseguia mostrar o projeto para as pessoas certas, que pudessem fazê-lo chegar às mãos de algum produtor ou diretor interessado. Seu chefe tinha mencionado várias vezes que estava disposto a apresentá-la a um grande amigo seu, um produtor cinematográfico de sucesso, mas ela sempre recusava sua oferta.

Depois de ler sobre desgaste de energia, Jody percebeu que cada dia que o manuscrito ficava em cima da sua mesa, ele tirava um pouco do seu ânimo. Quando começou a fazer sua lista, percebeu o efeito poderoso e positivo que o exercício teve sobre sua energia e humor. E concluiu que, como investira muito tempo e energia fazendo o roteiro, provavelmente se sentiria mais leve passando-o adiante e completando o processo.

Temerosa e agitada, resolveu pegar o roteiro e levá-lo para o escritório. Na hora do almoço entregou-o a seu chefe, falou das suas dúvidas e pediu que ele o encaminhasse para seu amigo. Dois dias depois, seu chefe lhe disse que o amigo tinha adorado o projeto e queria marcar um encontro com ela imediatamente. Jody ficou exultante!

No capítulo anterior, nós nos concentramos em redefinir suas prioridades e criar estratégias para que elas fossem cumpridas. Agora, você terá que identificar e eliminar as coisas que estão consumindo sua energia – a energia necessária para perseguir seus objetivos, se relacionar com os outros e buscar o bem-estar físico e emocional. Para quem leva uma vida estressante, essa energia, que é limitada, muitas vezes desaparece por completo.

Imagine um barômetro funcionando dentro do seu corpo. Todo dia, durante suas atividades normais, o nível do seu barômetro interno sobe e desce conforme a quantidade de energia disponível. Quando você trabalha muito, usa energia e o nível do barômetro desce. Quando faz uma refeição saudável, aumenta a energia e o nível sobe. Esse barômetro registra onde seu nível de energia cai ao longo do dia. Normalmente nós pensamos que nossos níveis de energia sobem e descem com base no que "fazemos". Mas é muito mais que isso.

Toda ação representa um gasto de energia. O que talvez você não saiba é que a *ausência* de ação também consome uma energia que poderia ser usada de forma mais positiva. O escritório desorganizado que você pretendia arrumar desvia sua atenção e rouba sua energia. Uma roupa que precisa ser consertada tira um pouco da sua energia toda vez que você tem que resolver o que vai vestir. Lembrar que você já deveria ter trocado o óleo do seu carro consome sua energia. Todas essas pequenas coisas minam pouco a pouco suas forças.

E as coisas mais importantes? Um pai idoso que mora longe é motivo de preocupação constante. Os problemas financeiros dos quais você tenta se esquivar acabam tirando seu sono no meio da noite. Ou o problema de saúde que você adia até se tornar sério e inevitável. Essas são apenas algumas das coisas que podem deixar você no limite da exaustão, sem ânimo e sem alegria de viver. Todos os itens da sua lista mental de "tenho que", as obrigações que você adia, geram sentimento de culpa e desviam a sua atenção, consumindo a energia necessária para você atingir suas metas.

Como essa energia se relaciona com o trabalho? Caroline Myss, autora de *Anatomia do Espírito,* explica: "No sistema de energia do ser humano, nossas interações individuais com o meio ambiente podem ser consideradas simbolicamente circuitos eletromagnéticos. Esses circuitos correm pelo nosso corpo e se conectam com objetos externos e com outras pessoas." Mais adiante ela diz que "nós vivemos em constante comunicação com tudo à nossa volta através desse sistema".

Imagine por um instante que fios de energia passem do seu corpo para tudo que está pendente ou incompleto na sua vida. Esses fios passam de você para o seu passado (o que não foi realizado ou ficou mal resolvido) e para o seu futuro (o que você espera fazer e com o que se preocupa). Quando eles se prendem ao seu passado ou ao seu futuro (onde a maioria das pessoas vive), isso não deixa nenhuma energia disponível para o presente.

Alguns fios são mais grossos que outros. Eles representam, exatamente, os itens que consomem mais energia, as coisas que mais tememos, como o problema de saúde ou a dívida que não foi paga. Esses fios de energia pulsam com a força da sua vida, a mesma força que você precisa para se manter saudável, para aproveitar sua família e seus amigos, para se divertir, para expressar sua criatividade e para fazer o trabalho que lhe dá prazer.

Quantos fios se conectam às áreas que lhe agradam? Quanta energia você tem disponível neste momento para fazer o que mais quer na vida? Pare um instante e pegue seu diário. Respire fundo algumas vezes para se concentrar e relaxar. Agora, veja para onde vai sua energia. Quais são as suas preocupações? Sua energia está voltada para aquela discussão com um colega de trabalho? De que você tem de cuidar no momento? Seu plano de saúde está em dia, seus impostos estão pagos? Você se preocupa com o futuro? Precisa ter uma conversa com seu chefe, um amigo, ou sua mãe? Veja o que chama sua atenção e esgota sua preciosa energia vital.

Agora, imagine-se reorientando esses fios. Ao lidar com cada problema, usando as ferramentas apropriadas, você cuida deles e libera aos poucos sua energia para o momento presente. Imagine colocar toda a sua energia no presente. Sinta-se mais forte, com as forças renovadas e muito entusiasmo pela vida. Que tal recuperar toda a sua energia? Você sente alívio e paz interior por ter se libertado dessas coisas?

Em geral, meus clientes ficam surpresos ao saber que o início do nosso trabalho será voltado para retirar compromissos e problemas da vida deles e não para atingir metas. Isso se refere ao cuidado máximo com você. Primeiro você se torna egoísta. Depois começa a organizar sua vida para criar prioridades. O passo seguinte é identificar e eliminar o que está consumindo sua energia!

Para que você possa identificar a origem de seu desgaste físico, mental e emocional, fiz a lista "O que está consumindo sua energia?" com vários itens que ouvi dos meus clientes. Dê uma olhada nela com calma, respire fundo e peça à sua sabedoria interior que lhe dê orientação. Verifique os pontos que se aplicam a você e fique à vontade para acrescentar outras coisas.

ENTRE EM AÇÃO!
CONSTATE O QUE ESTÁ DESGASTANDO VOCÊ

"*O que está consumindo sua energia?*"

Relacionamentos

_____ Há pessoas na minha vida que sempre tiram minha energia.

_____ Eu tenho de responder vários telefonemas, e-mails e cartas que recebo diariamente.

_____ Eu vivo em conflito com um membro da minha família.

_____ Eu sinto um enorme vazio porque ainda não encontrei meu verdadeiro amor.

_____ Eu preciso esquecer uma pessoa que foi muito importante na minha vida.

_____ Eu preciso perdoar alguém que traiu a minha confiança.

_____ Eu preciso terminar um relacionamento.

_____ Estou com medo de dar um certo telefonema e isso me causa estresse e angústia.

_____ Eu me envolvi numa relação que vai contra meus valores.

_____ Eu gostaria de ter um grupo de amigos que me transmitisse carinho e apoio.

Ambiente

_____ Meu carro está precisando de uma limpeza e/ou conserto.

_____ Meu guarda-roupa precisa ser renovado.

_____ Eu gostaria de morar em outro lugar.

_____ Eu tenho aparelhos que precisam ser consertados ou trocados.

_____ Minha casa não é decorada da forma que eu gostaria.

_____ Meus armários estão cheios e precisam de uma limpeza.

_____ Eu preciso fazer uma série de consertos na minha casa ou apartamento.

_____ Minha casa está desarrumada e desorganizada.
_____ Eu vejo televisão demais.
_____ Eu sinto falta de ter mais tempo para apreciar a natureza.

Corpo, cabeça e espírito

_____ Eu abuso de comidas que não me fazem bem, como frituras, refrigerantes e doces.
_____ Alguma coisa na minha aparência física me incomoda.
_____ Faz muito tempo que eu não vou ao dentista.
_____ Eu não durmo o suficiente.
_____ Eu gostaria de fazer ginástica regularmente, mas nunca encontro tempo.
_____ Eu tenho um problema de saúde e estou evitando ir ao médico.
_____ Eu tenho necessidades emocionais que não são devidamente atendidas.
_____ Há certos livros que eu adoraria ler, mas não consigo encontrar tempo.
_____ Eu sinto falta de me dedicar a atividades intelectualmente estimulantes.
_____ Eu não desenvolvo nenhuma prática espiritual ou religiosa na minha vida.

Trabalho

_____ Eu não gosto mais do meu trabalho e todo dia tenho dificuldade de ir para o escritório.
_____ Meu trabalho é estressante e me deixa exausto no fim do dia.
_____ Meu escritório é desorganizado, minha mesa é uma bagunça, e eu tenho dificuldade de encontrar as coisas de que preciso.
_____ Estou evitando brigar ou entrar em conflito no trabalho.
_____ Tolero o mau comportamento de um chefe ou de um colega de trabalho.

_____ Eu não sei usar bem o computador, e isso atrapalha minha produtividade.
_____ Eu não tenho os materiais de escritório necessários para fazer um bom trabalho.
_____ Meu trabalho não me permite usar minha criatividade.
_____ Eu sei que preciso delegar tarefas específicas, mas não consigo soltar as rédeas.
_____ Eu tenho dificuldade de lidar com a quantidade de informação que recebo por e-mail e correspondência, além do que leio em livros, jornais e revistas.

Dinheiro
_____ Eu pago minhas contas com atraso.
_____ Eu gasto mais do que ganho.
_____ Eu não consigo planejar meu futuro financeiro nem poupar dinheiro.
_____ Meu limite do cartão de crédito não é o que eu gostaria que fosse.
_____ Eu preciso fazer um plano de previdência privada.
_____ Eu não tenho uma cobertura de seguro adequada.
_____ As prestações da minha casa são altas demais e eu preciso rever isso.
_____ Eu preciso pagar minhas dívidas.
_____ Eu tenho de fazer minha declaração de imposto de renda e/ou pagar alguns impostos.
_____ Meu testamento não está atualizado.

Vamos ver para onde sua energia está indo. Conte dois pontos para cada item. Confira cada seção individualmente e multiplique o total por dois. Agora some os totais de cada seção. Se você imagina que seu barômetro interno começa com 100 pontos, qual é o seu nível agora? Quanta energia sobrou para o que considera realmente importante? Há áreas que consomem mais energia que outras? Escreva a contagem no seu diário para analisar mais adiante como irá eliminar seu desgaste de energia.

Você consegue *sentir* a quantidade de energia que é consumida nesses itens? Se for como a maioria das pessoas, você provavelmente desperdiça 75 por cento da sua energia mental em pequenas coisas que desviam seu foco do que é importante para a sua vida. A maioria de nós não tem consciência de como nossa energia é usada na vida diária. Saber para onde ela vai pode ser muito revelador. Talvez você se assuste ao perceber que, embora tenha um chefe muito difícil, são suas finanças que estão minando suas forças.

Verifique os resultados dessa lista com cuidado. Agora que está a par do que está desgastando você, pode começar a se concentrar nas coisas que vem adiando ou tolerando. É de fato um alívio tremendo poder entrar em ação. À medida que for cuidando daquilo que desvia sua atenção e consome sua energia, sentirá imediatamente uma grande força motivadora. Redirecione sua energia para suas prioridades!

Meu cliente Ron andava esgotado. Com quinze quilos acima do peso, tentou fazer ginástica, contratar um *personal trainer* e seguir a dieta da moda para entrar em forma. Mas nada parecia funcionar. Quando começamos a trabalhar juntos, Ron estabeleceu novas prioridades, colocando sua saúde no alto da lista. Pensou em fazer ginástica regularmente, mas vivia adiando esse plano. A carga negativa de viver em conflito com o seu corpo era um dos maiores desgastes da sua energia mental.

A maioria das pessoas deseja muito fazer ginástica com regularidade, mas acha difícil encontrar tempo para isso. Elas não levam em conta a quantidade de energia emocional e física disponível para dedicar à sua saúde. Sem energia suficiente, a ginástica torna-se outro "tenho que" e não um meio de se relacionar melhor com o seu corpo.

Por isso, eu pedi que Ron usasse como base a lista "O que está consumindo sua energia?" para criar sua própria lista com dez tarefas que gostaria de resolver o mais rápido possível. Ele relacionou o seguinte:

1. Fazer ginástica regularmente e comer bem – perder quinze quilos
2. Limpar a garagem
3. Passar mais tempo com Dina [sua esposa] e as crianças
4. Desenvolver uma estratégia para as metas de negócio do próximo ano
5. Terminar de pintar a casa
6. Ler as pilhas de papéis com informação sobre o novo produto que estão no chão do meu escritório
7. Contratar dois assistentes de vendas
8. Marcar hora no dentista e no médico
9. Limpar meu armário e minhas gavetas
10. Diminuir o café e o açúcar.

Como proprietário de uma badalada loja de esporte, Ron trabalhava pelo menos setenta horas por semana. Mas as metas de venda, os problemas com os empregados e a preocupação com planejamento estratégico consumiam sua energia mental e emocional mesmo quando ele não estava no escritório. Conclusão: 80 por cento do seu tempo era direcionado aos negócios, o que não lhe permitia se dedicar à esposa, aos três filhos e aos projetos da casa, muito menos fazer ginástica. Sem energia suficiente, Ron estava fadado ao fracasso nas suas tentativas de entrar em forma.

Eu o encorajei a usar uma técnica diferente para cumprir sua prioridade número um. Sugeri que ele primeiro se concentrasse em retirar os obstáculos que o impediam de tornar o exercício físico uma prioridade. Quando estudamos as tarefas que ele estava protelando, vimos primeiro o que ele podia delegar aos outros. Eu o aconselhei a contratar alguém para terminar a pintura da casa, a mandar um empregado ler as informações sobre os novos produtos e a procurar um bom nutricionista para ajudá-lo a rever seu regime.

Embora resistisse um pouco a delegar poderes, Ron parou de pensar que ninguém fazia as coisas tão bem ou tão depressa quanto ele depois de uma experiência bem-sucedida.

Em seguida, nós transformamos as tarefas que Ron tinha de fazer em casa num jogo familiar. Com isso ele passou a ficar mais tempo com a família e se livrou das pendências. Pediu apoio da esposa e dos filhos para ajudá-lo a limpar a garagem e organizar seus armários e gavetas. Sempre que concluíam uma tarefa, celebravam de forma criativa. Passados dois meses, Ron chegou ao fim da lista e sentiu um enorme bem-estar. A energia liberada permitiu que se dedicasse a novos projetos. Ele encontrou tempo para caminhar com a esposa, andar de bicicleta com os filhos e exercitar-se regularmente.

O compromisso de fazer mudanças pode ter um impacto positivo imediato na sua qualidade de vida. Decidir entrar com um pedido de divórcio ou largar um emprego desestimulante pode fazer com que você dê uma guinada e tome uma nova direção na vida. Aliás, essa pode ser a verdadeira razão de algumas pessoas manterem-se no mesmo lugar e evitarem entrar em ação. Inconscientemente, elas sabem que tudo pode mudar quando se livrarem de antigas pendências e concluírem velhos projetos.

Que mudanças de vida você pode experimentar se eliminar seus desgastes de energia? Você está evitando lidar com certos problemas porque resolvê-los pode causar um impacto inesperado na sua vida?

Agora que você identificou algumas áreas que podem estar consumindo sua energia e distorcendo o equilíbrio da sua vida, chegou a hora de criar sua própria lista das "Dez principais tarefas adiadas". Você pode começar assim:

1. Veja os itens que você marcou na lista "O que está consumindo sua energia?"
2. Faça uma relação de todos os itens acrescentados à lista original.

3. Dentre eles, escolha os dez itens que você gostaria de examinar agora e liste-os no seu diário.

Quando minha cliente Katherine fez o teste "O que está consumindo sua energia?" e criou sua lista de tarefas adiadas, ficou espantada de ver quanto tinha investido em coisas que a afastavam das suas prioridades. Como presidente de uma empresa de treinamento e desenvolvimento, ela fazia malabarismos para atender às necessidades dos clientes. Tinha pouco tempo para se divertir e se sentia solitária. Depois de reavaliar suas prioridades, percebeu como era importante para ela ter uma relação sólida com alguém com quem pudesse se casar e constituir família.

Quando nós examinamos sua vida, ficou claro que Katherine não tinha energia para se relacionar com os outros. Durante a semana ela viajava pelo país todo e nos fins de semana precisava descansar para se recuperar do estresse. Eu lhe mostrei que, assim, ela não teria tempo para conhecer alguém interessante, muito menos manter um relacionamento sério. E o pior é que, no seu ambiente de trabalho, o mais provável era que ela atraísse um homem que também fosse indisponível!

Ao fazer o teste sobre o que estava desgastando-a, Katherine constatou que suas energias estavam sendo consumidas pelo trabalho, pelo ambiente em que vivia e pela falta de cuidado com sua saúde. Como tinha um horário louco, ela quase não ficava em casa. E, por causa disso, não tinha decorado seu apartamento de maneira aconchegante. Além disso, passava tempo demais em aviões e hotéis, comendo alimentos altamente calóricos e mantendo uma rotina sedentária.

Katherine decidiu se concentrar em sua vida pessoal e não em encontrar um príncipe encantado. Primeiro, treinou um assistente para assumir metade das tarefas até então sob sua responsabilidade. Isso aliviou sua agenda e fez com que tivesse menos viagens de trabalho. Com uma carga horária mais reduzida, ela pôde procurar um decorador e dar início à reforma de seu apartamento. Procurou também uma loja de congelados especializada em comida mais saudável.

Depois de oito meses, Katherine reencontrou sua paz de espírito. Durante a semana, passava horas curtindo seu apartamento e, nos sábados e domingos, saía para se divertir. Quando passou a se sentir melhor, com mais energia, eu sugeri que traçasse o perfil de um "parceiro ideal". Todo dia, quando escrevia no seu diário, ela listava as qualidades que buscava em um companheiro. Não foi por coincidência que, um mês depois, Katherine começou a conhecer homens que se encaixavam nesse perfil. Depois de três anos de solidão, ela arrumou um namorado e iniciou um relacionamento sério.

Entre em ação! Restaure sua energia vital

Chegou a hora de acabar de uma vez por todas com essas coisas que estão esgotando sua energia. Faça várias cópias da sua lista de tarefas adiadas e mantenha em lugares acessíveis. Guarde uma no escritório, outra no diário e outra na porta da geladeira.

Em seguida, estabeleça um tempo para zerar a lista. Em geral eu recomendo trinta dias, dependendo do que precisa ser feito. Algumas coisas – como arrumar outro emprego, fazer novas amizades e mudar-se para outra região – exigem mais tempo. Nesses casos, você pode entrar em ação preparando seu currículo, fazendo uma lista das qualidades que procura em uma amiga ou pesquisando os lugares onde gostaria de morar.

Há três formas de completar os itens da sua lista:

- Cuide bem de si próprio. Faça isso!
- Delegue poderes para outra pessoa. Contrate alguém!
- Jogue isso fora. Jogue logo!

Faça isso!

Esse método é utilizado para coisas que só você pode fazer, como cuidar da sua saúde e de problemas de relacionamentos. Olhe sua lista e estabeleça um tempo no seu diário para cuidar desses itens específicos de forma organizada. Com muita freqüência, nós colocamos essas coisas em último lugar na nossa lista de prioridades, embora elas consumam uma quantidade enorme de energia. Reserve um dia ou uma tarde e comece a cuidar disso!

Por exemplo, a quantidade de energia despendida para ocultar a verdade e evitar um conflito é significativa. O alívio que vem depois é incrível – dá até para sentir a energia ser liberada. Peça ajuda! Com seu parceiro ou grupo de treinamento, crie o "dia da verdade". Faça com que todos se comprometam a contar suas experiências boas e más.

Quando meus clientes têm dificuldade de dizer a verdade a alguém, eu me ofereço para estar ao lado deles antes e depois do encontro decisivo. É muito mais fácil enfrentar uma situação desagradável sabendo que você terá alguém para lhe dar apoio quando tudo terminar. Minha cliente Patricia achou esse tipo de ajuda proveitosa quando teve uma conversa com um sócio com quem não conseguia mais trabalhar.

Ela e o sócio trabalhavam juntos há dez anos, e Patricia sabia que estava na hora de terminar a sociedade. Os dois tinham caminhado em direções diferentes e a tensão entre eles crescia dia a dia. Patricia sentia-se bloqueada pelo medo e não conseguia dizer a verdade. Precisava de ajuda sobre o que dizer e como dizer. Também sentia necessidade de ter alguém para ampará-la depois do encontro. Finalmente, queria transmitir sua mensagem sem destruir um relacionamento de tanto tempo.

Eu ajudei Patricia a preparar o que iria dizer e fiz com que ela praticasse comigo até poder se expressar com naturalidade. Começar uma conversa com "eu" ajuda a colocar a ênfase em você e não no outro ou no que ele fez ou deixou de fazer, assegurando o respeito entre as partes. É sempre aconselhável escrever o que se vai falar e praticar com uma pessoa neutra antes. Isso nos leva a pensar nos detalhes e a nos sentirmos mais confiantes na hora da verdadeira conversa.

Quando Patricia me telefonou depois da reunião com o sócio, estava abalada, mas aliviada. A conversa tinha sido melhor do que ela esperava. O sócio não se surpreendeu, mas, obviamente, tinha ficado aborrecido e desapontado.

Dizer a verdade com graça e amor é sempre possível, quando há uma preparação e um apoio. Lembre-se de pedir ajuda sobre o que você vai dizer, não se explique demais, prenda-se à verdade e comece sempre as frases com "eu".

Não enfrente sozinho situações que lhe dão medo. Se está com um problema de saúde, peça a um amigo para lhe fazer companhia até o consultório do médico. Também é importante procurar um profissional que seja sensível aos seus problemas, por isso não tenha vergonha de pedir indicações.

Pense nesse processo como uma forma de criar espaço para acontecerem coisas melhores na sua vida. Tudo a que nos prendemos usa energia que poderia estar sendo direcionada a novas oportunidades, negócios e relacionamentos. Eu expliquei esse conceito a Peter, um cliente que sofria de uma crônica falta de organização.

Ele era um advogado criminalista muito ocupado e aceitava mais casos do que deveria. Além do estresse a que era submetido, ele se sentia oprimido pela bagunça do seu escritório, com arquivos atulhados de papéis e o chão coberto de pilhas de pastas de clientes. Peter tinha vontade de se organizar, mas não encontrava tempo.

Eu lhe disse que telefonasse para uma loja de móveis e encomendasse três arquivos, um a mais do que o necessário. Assim, com um arquivo extra, ele tinha uma reserva de espaço. Expliquei que limpar os armários e ordenar aquele caos era, na verdade, uma boa técnica comercial. Ao arrumar o escritório, ele estava organizando o espaço na sua cabeça, o que melhoraria seu desempenho profissional e faria com que seus clientes se sentissem bem servidos.

Quando os arquivos foram entregues, Peter se propôs a reservar uma tarde para arrumar toda aquela bagunça e reorganizar o escritório inteiro. Não só se livrou de todas as pastas como instalou duas prateleiras para colocar suas fotos preferidas e seus diplomas profissionais. Quando eu perguntei por que ele caprichou tanto na arrumação, Peter respondeu: "Eu estava com a mão na massa. Depois de arquivar todos os papéis, fiquei tão animado, que decidi continuar até o lugar ficar agradável!" Agora, ele não se sente mal ao chegar ao escritório e pode dedicar melhor sua energia para o trabalho.

Todas as pessoas que eu já treinei sentem-se aliviadas quando completam tarefas que estavam pendentes. Por isso, quando os clientes querem sugestões sobre a forma de atingir seus objetivos – como melhorar o negócio, encontrar um novo sócio, ou fazer uma nova amizade –, eu lhes digo, primeiro, para limpar seus arquivos e esvaziar seus armários. Eles riem, mas eu sei que é preciso abrir espaço para as coisas acontecerem.

Depois que completar os itens da sua lista de coisas a fazer, some a sua contagem da lista "O que está consumindo sua energia?" de novo. Imagine o nível de energia subindo no seu barômetro interno. Não é bom livrar-se dessas tarefas? Você não sente um enorme alívio? Ótimo! Agora, vamos passar para o método seguinte: delegar poderes a outras pessoas!

Contrate alguém

Este é meu método favorito para eliminar o que está esgotando suas forças. Arranje uma pessoa para limpar o carro, fazer pequenas compras, arrumar seu escritório ou cuidar das suas contas. Na nossa vida agitada, essa é uma forma básica de permanecer saudável e espiritualmente equilibrado. Ter alguém para cuidar dos seus problemas é uma forma fácil e rápida de livrar-se das suas tarefas. Talvez você resista a deixar alguém cuidar do que é seu, mas tente superar isso! Se não puder pagar por essa ajuda, faça permutas. "Ninguém faz isso melhor ou mais depressa que eu" e

"Vou levar mais tempo treinando alguém do que fazendo" são desculpas freqüentes que meus clientes dão. Mas é pura bobagem. Gaste dinheiro e contrate alguém para você ganhar mais tempo e energia. Sua paz de espírito merece o investimento!

Justin, um contador jovem e brilhante, sabia que estava na hora de contratar um ajudante, mas levou muito tempo para tomar essa providência. Ele tinha três grandes preocupações quando pensou pela primeira vez no assunto. Será que podia se dar ao luxo de gastar esse dinheiro? Como encontraria tempo para treinar alguém se estava sempre tão atolado de trabalho? Seus clientes aceitariam lidar com outra pessoa além dele?

Para motivá-lo a colocar essa idéia em prática, nós examinamos quanto seu tempo valia. Justin era free-lancer e cobrava cento e vinte e cinco dólares por hora. Embora tivesse uma recepcionista, em geral era ele quem tinha de agendar as reuniões e conferências e fazer pesquisas para seus clientes. Quando percebeu o quanto estava perdendo para fazer tarefas tão simples, Justin se perguntou: será que ele podia se dar ao luxo de não contratar um assistente?

Eu sugeri que ele optasse por um novo tipo de funcionário – um assistente "virtual". Uma pessoa que trabalharia em casa, no seu próprio computador, e lhe cobraria apenas o tempo que gastasse com o serviço. Isso eliminava o custo de ampliar o escritório (móveis, computador, telefone, etc.) e de pagar um salário fixo para alguém que não trabalharia todo o tempo.

Justin gostou da idéia, mas continuava sem saber se teria tempo de treinar o ajudante e se seus clientes aceitariam a idéia de lidar com outra pessoa. Aconselhei-o a colocar no papel exatamente o que esperava de um assistente, em termos pessoais e profissionais. Ele teria de entrevistar as pessoas com cuidado para encontrar alguém que combinasse com seu estilo. Com a ajuda de um profissional competente, que aprendesse depressa, Justin poderia prestar um serviço melhor aos clientes, que percebiam que ele andava sobrecarregado.

Para arranjar um assistente de alto padrão, Justin teria de se dispor a pagar bem por seus serviços. A maioria das pessoas tenta economizar e acaba se dando mal. Porém, no fim das contas, investir em um funcionário qualificado seria lucrativo. Justin resolveu fazer uma experiência. Em um mês, constatou que, com a ajuda do assistente, estava atendendo às solicitações dos clientes na metade do tempo. Quando percebeu isso, passou a questionar como tinha vivido tanto tempo sem alguém para ajudá-lo.

Se você não tem certeza se chegou a hora de contratar alguém para ajudá-lo, tente o seguinte exercício: nas duas próximas semanas, toda vez que terminar uma tarefa que outra pessoa poderia ter feito, anote no seu diário. Qualquer que seja sua atividade, pense nas coisas em que você não acha mais graça em fazer e acrescente-as na lista. Só o simples fato de ter alguém para lavar sua roupa, fazer as compras de casa ou mandar consertar seu carro poderá liberar uma enorme quantidade de energia.

Determine as tarefas a serem feitas e decida que tipo de pessoa tem o perfil adequado para esse trabalho. Para um serviço simples, como fazer compras ou cuidar do jardim, você não precisa de ninguém com muitas qualificações. Pode até pensar em aumentar a mesada do seu filho para que ele se encarregue dessas obrigações. Se o trabalho for mais elaborado – como organizar seu escritório ou criar um banco de dados –, é melhor contratar alguém com mais experiência e responsabilidade. Peça indicações aos amigos antes de fazer sua escolha.

Depois que delegar poderes, verifique de novo a lista das coisas que estão lhe desgastando. Some seus pontos e sinta o nível da energia subir mais uma vez. A essa altura, você deve estar com a motivação lá no alto e com tudo pronto para o último passo: jogar coisas fora!

JOGUE FORA!

Às vezes, nós mantemos tarefas na nossa lista de "tenho que" que precisam ser postas de lado. A obrigação de folhear todas as revistas antes de jogá-las fora talvez seja desnecessária. Jogue-as simplesmente fora. Talvez seja perda de tempo mandar consertar aquelas roupas que estão há anos no fundo do armário só porque *talvez* um dia você queira usá-las de novo. Tenha coragem de livrar-se das coisas sempre que possível. Se tiver medo de vir a precisar de algo que jogou fora, use a lista abaixo para se orientar.

1. Coloque numa caixa todos os papéis ou objetos que você ainda não tem certeza se deve jogar fora e escreva uma data-limite (seis meses depois) para mantê-la guardada. Anote essa data na sua agenda. Coloque a caixa no alto do armário, na garagem ou num arquivo-morto. Se em seis meses você não precisar abrir a caixa, jogue tudo fora sem olhar o que está dentro. Esta é uma lição para você aprender a jogar coisas fora mais cedo e não mais tarde.
2. Determine onde você encontraria certa coisa se precisasse dela. Antes de jogar algo fora, pergunte-se o seguinte: "Onde eu posso encontrar isso de novo se precisar?" Assim, saberá de antemão que aquela informação, livro ou objeto não estão perdidos para sempre. Com a quantidade de material hoje disponível na Internet, é quase certo você encontrar tudo de que precisa.
3. Peça ajuda. Mexer em pilhas de papéis, arquivos velhos e revistas pode ser cansativo. Facilite as coisas. Convide um amigo para ir à sua casa e faça uma "festa de pilhas de papel". Peça que ele o ajude a jogar coisas fora quando você se sentir hesitante. Lembre-se de que está abrindo espaço para coisas muito melhores. Com suas novas prioridades em mente, pergunte-se: "Eu estou disposto a deixar isso ocupar o espaço daquilo que eu realmente quero (mais negócios, novos relacionamentos, mais abundância)?" Essa pergunta pode ser um grande filtro para suas decisões.

Doe tudo de que não precisa mais. Organizações beneficentes, creches, asilos e igrejas estão sempre precisando de artigos domésticos, roupas e calçados. A oportunidade de ajudar os outros pode ser uma grande motivação para você e sua família. Minha cliente Maura não conseguia convencer o marido e os filhos a arrumarem seus armários e separarem o que não usavam mais. Sugeri que ela levantasse informações sobre um abrigo local – quantas pessoas eram atendidas ali, seus problemas e necessidades – e depois repassasse tudo à família.

A pesquisa surtiu efeito. No sábado seguinte, o marido e os filhos ficaram cinco horas vasculhando a casa de alto a baixo e separando tudo que não tinha mais utilidade. Juntos, fizeram três viagens ao abrigo para entregar as doações. Programe seu próprio dia de doação. Isso não só abrirá mais espaço na sua casa e na sua vida como fará com que sua família sinta como é bom ajudar os outros.

Seu lixo pode, sim, ser um tesouro para outra pessoa. Algumas coisas podem até ser vendidas. Procure interessados para as coisas de maior valor de que você quer se desfazer. Venda suas roupas de festa dos anos 70 para um brechó que aceite material em consignação. Doe seus livros velhos para uma biblioteca. Dessa forma, poderá consultá-los quando precisar.

Evite empilhar coisas. Tire uma tarde por semana para vasculhar sua casa ou escritório e jogue fora (ou guarde) tudo que estiver solto em cima das mesas ou espalhado pelo chão. Quando se sentir tentado a parar no meio de uma tarefa, siga adiante usando um mantra simples. Repita para você mesmo: "Eu sempre faço um trabalho completo." E termine o trabalho.

Diga adeus a tudo aquilo que você não precisa mais. Volte para sua lista das "Dez principais tarefas adiadas", retire os itens completados e refaça sua contagem. Meus parabéns! Você está a caminho de mais energia para o que realmente importa!

Quando você entrar no processo de completar os itens da sua lista, tente torná-lo divertido. Na época em que eu estava escrevendo este livro, em geral ouvia música para me inspirar. Às vezes escolhia uma canção alta e ritmada, outras vezes uma música calma e baixa. Quando perdia o fio da meada e empacava no meio de uma página, fazia uma coisa completamente diferente, como dar uma volta de bicicleta ou cantar a plenos pulmões. Depois eu voltava a escrever. O que você pode fazer para tornar mais agradável o processo de aumentar seu nível de energia?

Não deixe de se gratificar toda vez que eliminar seus desgastes de energia. Saber que você poderá jantar com uma amiga, ver um bom filme ou simplesmente ter tempo para relaxar lendo seu livro favorito pode ser uma grande força motivadora.

Adiamento – Uma dádiva oculta?

Finalmente, há momentos em que o adiamento serve de mensageiro para suas percepções e informações subconscientes. Se você encontrar um item na sua lista que não consegue completar, poderá pensar, como minha cliente Léa, que há uma importante razão para isso.

Léa vivia no meio de pilhas de papéis espalhados pelo apartamento. Nos últimos três anos, tinha tentado várias vezes se livrar daquela papelada, mas alguma coisa parecia impedi-la de fazer isso. Ela vivia se censurando por não completar essa tarefa. Seguindo minha intuição, decidi usar uma abordagem pouco convencional. Pedi que Léa reservasse uma noite para ficar sozinha, remexendo nos papéis. Eu lhe disse que acendesse velas, sentasse e pensasse na sabedoria que aquela papelada tinha a oferecer. É claro que ela questionou minha sanidade mental, mas resolveu tentar. O que aconteceu foi incrível.

Quando observou as pilhas sob a luz das velas, sentiu-se tomada de uma tristeza profunda e compreendeu por que não jogava aquilo tudo fora. No meio da papelada havia anotações para um livro que ela sempre teve vontade de escrever. Quando descobriu isso, começou a chorar. Os papéis eram uma dádiva para manter seu sonho de escrever vivo. Naquela noite, Léa pegou seu diário e reservou um certo tempo por dia para escrever. Através do compromisso de respeitar seu espírito criativo, as pilhas de papel começaram a desaparecer.

Existe alguma tarefa que você resiste em fazer? Ao pensar no item que você não consegue completar, considere as seguintes perguntas:

Eu estou sabotando meu sucesso em alguma área da minha vida, ao não completar as coisas?
Que mensagem essa resistência me passa?
Como agarrar-me a essa tarefa pode me ajudar?
O que eu posso fazer para respeitar essa resistência?

Procure descobrir que dádiva pode estar oculta por trás desse item que você parece não conseguir completar.

Reveja a relação das tarefas que tem adiado e a lista "O que está consumindo sua energia?". Imagine como seria sua vida se essas pendências fossem resolvidas. Quanta energia você teria para dedicar às suas prioridades? E se você pudesse realmente atingir suas metas eliminando todas as coisas que desviam ou desgastam sua energia? Parece estranho? Tente fazer isso. Eu estou convencida de que, ao criar espaço, você pode realmente *atrair* o que deseja para a sua vida.

A seguir, nós falaremos sobre o maior desgaste de energia que existe: os problemas financeiros.

4

INVISTA NA SUA SAÚDE FINANCEIRA

VOCÊ TEM CONDIÇÕES DE VIVER A VIDA como realmente gosta? Não estou me referindo a comprar um carro bonito ou uma casa espetacular, ou a tirar férias extravagantes. Estou falando de ter liberdade para tomar decisões que lhe trarão a qualidade de vida que você deseja. Dinheiro, como a maioria das pessoas sabe, não traz felicidade, mas a falta de dinheiro pode trazer muito sofrimento. Se você vive sem reservas financeiras, perde o controle sobre a sua vida. Como vai poder largar um emprego enlouquecedor, que está afetando sua saúde? Ou tirar um tempo de folga para cuidar de uma pessoa querida? Quando vai fazer aquela viagem que está planejando há dez anos, ou abrir aquele negócio com o qual sempre sonhou? É impossível perseguir seus sonhos se tiver de pagar uma hipoteca pesada ou estiver com dívidas pendentes.

A falta de reserva financeira é o maior obstáculo para os meus clientes viverem a vida que desejam. Como já vimos no capítulo 1, o dinheiro é apenas uma peça do grande quebra-cabeça da vida. Porém, quanto mais problemática for a sua relação com ele, maior será o seu desgaste de energia. O cuidado máximo com você inclui o cuidado com sua saúde financeira. Se você luta para viver dentro do seu orçamento, tem dificuldade de poupar dinheiro, ou está tomado de dívidas, chegou a hora de fazer alguma coisa a respeito disso.

Ignorância não é felicidade quando se trata de dinheiro. E não se deixe levar por bobagens como "Eu sou criativo demais para compreender essas coisas", "Meu marido/minha esposa é quem cuida disso", "Eu não tenho dinheiro suficiente, por isso não preciso me preocupar", ou, no outro extremo, "Meu corretor/agente financeiro/gerente de banco é quem sabe do meu dinheiro". O dinheiro é seu. A vida é sua.

Neste capítulo examinaremos o estado da sua saúde financeira, um importante ingrediente para uma vida de alta qualidade. Eu identificarei os obstáculos comuns e as principais razões por que a abundância não passa de uma ilusão para muita gente. Ensinarei técnicas para superar esses entraves e darei o apoio que você precisa para recuperar sua saúde financeira. Depois que souber o que fazer e entrar em ação, você terá capacidade de viver a vida nos *seus* termos!

Centenas de livros foram escritos sobre dinheiro, desde "como fazer investimentos inteligentes" a "como ter uma vida de abundância em trinta dias". Poucos, porém, combinam as técnicas básicas de gerenciamento de dinheiro com as mudanças emocionais e até mesmo espirituais necessárias para criar uma relação saudável e próspera com o dinheiro. Essas mudanças o ajudarão a confiar mais na sua capacidade, a chave para criar abundância.

Vamos começar fazendo um check-up da sua saúde financeira. Depois de examinar a lista abaixo, verifique os itens que se aplicam à sua vida e como você se sente a respeito deles. Se tiver dúvida, consulte sua sabedoria interior para saber a verdade.

Check-up da saúde financeira ____________ (data de hoje)

______ Eu examino meu extrato bancário todo mês.

______ Eu sempre pago minhas contas em dia.

______ Eu vivo sem dívidas ou faço planos para viver assim.

_____ Eu tenho um plano de poupança significativo.
_____ Eu não sonho em ganhar na loteria nem dependo disso para garantir meu futuro financeiro.
_____ Eu sei para onde meu dinheiro vai e quanto gasto com despesas pessoais e/ou despesas de negócios.
_____ Eu tenho um plano financeiro a longo prazo que respalda minhas metas presentes e futuras.
_____ Eu vivo bem dentro do meu orçamento.
_____ Eu tenho segurança financeira. Não me preocupo com dinheiro.
_____ Eu sempre tenho dinheiro no bolso.
_____ Quando estou bem financeiramente, divido meu dinheiro com os outros.
_____ Eu pago a conta total dos meus cartões de crédito todo mês.
_____ Eu pago meus impostos em dia.
_____ Eu tenho um excelente consultor/contador financeiro que cuida das minhas metas financeiras.
_____ Eu tenho um sistema de contabilidade que me permite acessar minhas informações financeiras a qualquer momento.

Como você foi? Se ficar deprimido com essa lista, não se preocupe. Oitenta por cento das pessoas que fazem esse teste pela primeira vez só completam de 3 a 6 pontos dos possíveis 15. Conscientizar-se das peças que faltam no seu quebra-cabeça financeiro é o primeiro passo. Depois que você conseguir melhorar sua saúde financeira, estará a um passo de alcançar uma boa forma fiscal. A falta de ação é o que nos torna vítimas de forças externas.

Quase ninguém passa por um treinamento básico sobre a arte de administrar o dinheiro. Até parece que saímos direto de uma infância despreocupada para as responsabilidades financeiras da idade adulta. Mesmo nos sentindo inseguros a respeito de dinheiro, só buscamos ajuda quando começamos a contrair dívidas, ficamos mais velhos e às voltas com a aposentadoria, ou quando o orçamento estoura no fim do mês. A nossa forma de lidar com dinheiro baseia-se no exemplo que tivemos dos nossos pais – e eles provavelmente não tiveram nenhum treinamento nesse quesito.

Essa falta de habilidade, disciplina e administração básica de dinheiro cria problemas de várias formas. Primeiro vêm as questões de dívidas e obrigações, que chamamos de questões práticas. Logo depois, as questões emocionais: uma sensação crescente de ansiedade para saber onde seu dinheiro é gasto, e de desesperança quanto à sua capacidade de melhorar sua situação financeira. Finalmente, você se sente frustrado, irresponsável e mal consigo mesmo. E isso impede que você enriqueça.

Baseada na minha experiência profissional dos últimos quinze anos, lidando com os problemas financeiros de centenas de clientes, eu me convenci de que o segredo para criar a abundância que você deseja é muito simples: é preciso que você assuma total responsabilidade pela sua saúde financeira. Só então o dinheiro pára de ser uma fonte de frustração e começa a fluir naturalmente na sua vida.

Se você for o tipo de pessoa que nunca confere seu talão de cheques, paga contas com atraso, ou adia a entrega do seu imposto de renda, como irá confiar na sua capacidade de administrar o dinheiro? Toda vez que você deixa de cuidar das suas finanças de forma responsável, envia uma mensagem direta para a sua sabedoria interior de que não é um bom candidato para ter mais dinheiro. Além do mais, como sua sabedoria interior é a parte que sempre se preocupa com seus interesses, é como se você não se deixasse ter mais dinheiro até provar para si mesmo que pode lidar com ele.

Mudando de atitude e desenvolvendo habilidades financeiras "adultas", você entrará no caminho da abundância, que é seu por direito. Eu observei algumas vezes meus clientes abrirem a porta para que entrasse mais dinheiro em suas vidas, passando a conferir seus extratos bancários, saldando suas dívidas ou pedindo um aumento mais que merecido. A história da minha cliente Mary ajudará a esclarecer melhor meu ponto.

Mary é uma assistente de vendas de sucesso, que deseja ter mais dinheiro. Ela adora seu emprego e trabalhou duro para ser beneficiada pelo programa de incentivo da empresa. Mas, no último ano, suas bonificações mensais nunca ultrapassavam quinhentos dólares. Mary leu vários livros sobre como ganhar dinheiro e estava fazendo o possível para "pensar abundantemente", mas se sentia frustrada com os resultados – nada tinha mudado na realidade. Depois de gastar muito tempo e energia, estava prestes a desistir.

Quando eu examinei a saúde financeira de Mary, constatei que ela tinha acumulado mais de sete mil dólares de dívida no cartão de crédito ao longo dos últimos três anos. Sua poupança de dois mil dólares flutuava junto com seus gastos, freqüentemente caindo para quinhentos dólares. E ela quase sempre pagava suas contas com atraso e com juros. Quando eu lhe perguntei qual era o montante das suas despesas mensais, ela disse que não sabia – o que não é uma coisa muito rara. A maioria das pessoas não sabe exatamente com quanto vive nem como gasta seu dinheiro.

A situação financeira de Mary me deu pistas importantes para entender por que ela não ultrapassava a bonificação de quinhentos dólares mensais. Como não lidava bem com suas finanças, ela enviava uma mensagem para sua sabedoria interior de que não era uma boa candidata a ganhar mais dinheiro. Eu expliquei que ela estava sabotando seu futuro financeiro, já que não tomava providências nesse sentido. Depois de compreender que seu comportamento estava colocando sua renda adicional em risco, ela ficou menos ansiosa e se sentiu capaz de reverter a situação.

O caminho para a liberdade financeira pode ser longo e difícil. Mary concordou em testar minha teoria e começou a fazer uma lista da sua renda e dos seus gastos para determinar onde seu dinheiro era usado mensalmente. Com um quadro claro da sua situação financeira, decidiu pagar suas contas em dia.

Em seguida, planejou quitar sua dívida do cartão de crédito. Como teste de seu compromisso de se tornar responsável com dinheiro, eu pedi que ela cortasse os cartões de crédito ou só lançasse mão deles depois de aprender a usá-los moderadamente. A providência mais importante e mais difícil que Mary tomou foi entregar todos os seus cartões para um familiar guardar durante seis meses.

No ano seguinte, depois de seguir o plano para melhorar sua saúde financeira, Mary conseguiu elevar suas bonificações mensais para mil e quinhentos dólares. Como um passe de mágica, começaram a surgir novos clientes e suas vendas aumentaram. Mas ela sabia que não era mágica. O aumento da sua renda foi resultado direto do investimento na sua saúde financeira. Hoje a sabedoria interior de Mary sabe que ela pode ter mais dinheiro.

Restaurar a saúde financeira começa com uma mudança de atitude. É preciso deixar de lado a idéia de que lidar com dinheiro "dá muito trabalho" ou "é muito estressante" e assumir uma postura confiante, do tipo "eu vou fazer o que for necessário para restaurar minha saúde financeira". Essa mudança abre caminho para a ação. Quando você toma as providências necessárias para se manter na linha, passa a se sentir melhor, e esse é o ingrediente-chave para criar abundância. Quando você tem segurança para lidar com dinheiro, atrai naturalmente mais dinheiro.

Como você administra suas finanças? Evita pensar em dinheiro e espera que ele se administre sozinho? Ou tem verdadeira obsessão com cada tostão que gasta e tenta controlar suas preocupações e ansiedades? Quando eu pergunto aos meus clientes e participantes de workshops o que eles pensam do dinheiro, as respostas são as seguintes:

Eu não me preocupo com dinheiro. Sempre tenho o suficiente para viver.

Eu não me interesso em aprender a administrar bem o meu dinheiro.

Um dia ainda vou descobrir para onde vai o meu dinheiro.
A forma de eu gastar dinheiro determina o nível do meu sucesso pessoal.
Ninguém vive completamente sem dívidas. Contrair dívidas é uma forma de vida.
O custo de vida está muito alto hoje em dia. Eu nunca vou conseguir me dar bem.
O dinheiro é uma ferramenta que eu uso com bom senso para fazer o que quero na vida.
Eu sou jovem demais para me preocupar com meu futuro financeiro.
Para ter dinheiro "de verdade", você tem de nascer em uma família rica.

Essas atitudes revelam o tipo de relação que você tem com dinheiro. Se sua atitude é positiva e ativa, você provavelmente administra seu dinheiro bem, o que lhe dá segurança para fazer as melhores escolhas para a sua vida. Se, ao contrário, sua atitude é negativa ou indiferente, você provavelmente não tem dinheiro suficiente e acaba se sentindo vítima de forças externas.

NEGAR E EVITAR

A maioria das pessoas evita lidar com questões de dinheiro até ter problemas, só confere a conta bancária quando o extrato vem pelo correio e não poupa um tostão até chegar à meia-idade e começar a sofrer as conseqüências desse comportamento. Eu sei que parece mais fácil fingir que não está ouvindo a voz que lhe diz para saldar suas dívidas, mas com o tempo a falta de ação trará más conseqüências. O resultado pode ser uma dívida crescente, uma ficha de inadimplente no Serviço de Proteção ao Crédito (SPC) ou uma experiência desagradável como a de meu cliente Brian.

No final do ano, Brian esperou pacientemente na fila para comprar um presente de Natal para seu irmão em uma loja de material esportivo. Quando chegou sua vez de pagar, pegou o cartão de crédito e entregou ao caixa. Depois de várias tentativas para conseguir aprovação do cartão e um longo telefonema para o banco, o caixa informou que ele tinha chegado ao limite do cartão e seu pedido tinha sido negado.

Brian fazia o pagamento mínimo do cartão todo mês, mas não tomava conhecimento do saldo a pagar, que se tornava cada vez maior. Quando lhe recusaram crédito, ele tinha acumulado mais de cinco mil dólares de dívida e ultrapassado o limite do cartão. Embora soubesse que estava quase estourando o limite, ele continuava usando o cartão. Mas o constrangimento de ter o crédito recusado fez com que ele parasse de negar a situação e enfrentasse o problema. Brian estava enrolado num emaranhado de dívidas. Quanto mais gastava, pior se sentia e mais negava a verdade. Essa é uma das razões por que às vezes evitamos entrar em ação. Outras razões são as seguintes:

Eu não sei o que fazer nem como fazer. Não saber como conferir um talão de cheques, manter um sistema de contabilidade ou investir bem seu dinheiro é outro obstáculo que pode impedir que você entre em ação para melhorar sua saúde fiscal. Se não souber "como", é fácil deixar suas finanças à solta. Mas buscar informações e o apoio necessário para administrar bem seu dinheiro pode dar bons dividendos. Pedir ajuda é a chave do sucesso financeiro. Quando minha cliente Susan soube que uma amiga tinha aplicado o dinheiro em ações e embolsado mais de 25 por cento em menos de um ano, sentiu-se motivada a agir. Procurou um bom consultor financeiro, marcou uma hora com ele e passou seu dinheiro para um investimento mais lucrativo, obtendo um retorno bem mais alto. Susan percebeu que sua falta de conhecimento estava lhe custando dinheiro.

Eu nunca tive talento para lidar com dinheiro. Embora queira melhorar sua forma de lidar com dinheiro, seus métodos antigos podem impedir que você entre em ação. Vergonha, medo ou culpa relacionados a comportamentos passados (pagamentos em atraso que resultaram em processos de cobrança, ou inadimplência em um empréstimo) podem ser paralisantes, mesmo quando você já mudou de atitude.

Minha cliente Joanne era uma empresária de sucesso e seu negócio encontrava-se em plena ascensão. Mas ela estava com problemas de fluxo de caixa e precisava de uma linha de crédito para administrar o crescimento da empresa. Só que não conseguia pedir um financiamento porque morria de medo de não aprovarem seu cadastro. Seis anos antes, ela tinha feito uma escolha financeira desastrosa, que resultou na cobrança judicial da dívida. Por conta disso, ficou com o nome comprometido no cadastro bancário.

A vergonha de Joanne com relação ao erro cometido no passado estava afetando seu comportamento presente. Ela não conseguia pedir um empréstimo porque ainda se considerava uma "pessoa inadimplente e irresponsável", e achava que os outros teriam a mesma opinião a seu respeito. Não reconhecia que tinha mudado consideravelmente desde então e que se tornara uma forte candidata a um bom crédito.

Por isso, para dar segurança a Joanne, fiz questão de estar ao seu lado durante todo o processo de pedido de financiamento, dando explicações sobre seus problemas com crédito no passado e apresentando o balanço atual de sua empresa. Seu financiamento foi aprovado e ela usou essa experiência para melhorar a visão de si mesma com relação a dinheiro. Ao entrar em ação para remediar a situação, ela mudou imediatamente de atitude e disse adeus à sua história financeira passada.

Um dia eu vou ganhar muito dinheiro. Para aqueles que compram bilhetes de loteria, vêem filmes sobre como "ficar rico depressa" ou gastam um tempão armando esquemas mirabolantes para enriquecer, eu tenho más notícias: vocês estão vivendo no futuro e perdendo a oportunidade de controlar suas finanças no presente.

É fácil ser seduzido pelo que poderia ser. Muitos dos meus clientes puseram dinheiro num "negócio garantido" e viram o dinheiro ir para o brejo e as dívidas baterem à sua porta. Lembre-se de uma coisa: tudo se relaciona com sua responsabilidade e com as mensagens que você envia para sua sabedoria interior a respeito da sua capacidade de lidar com dinheiro.

Não se deixe seduzir! Um plano financeiro sólido é a única garantia de um futuro financeiro sólido.

Se você se sente como se estivesse numa armadilha e fosse incapaz de fazer as escolhas que deseja, ou se não agüenta mais se preocupar com dinheiro, prepare-se para se livrar de tudo isso e viver a vida nos seus termos. Leia as "Prescrições para a saúde financeira" listadas a seguir e entre em ação! Agir dá início à mágica que permite que você ganhe mais dinheiro. Envie a mensagem para sua sabedoria interior sobre sua disposição de trabalhar para ter uma vida de abundância. Quando você der os primeiros passos, receberá várias recompensas. Sua ansiedade diminuirá (quase que imediatamente), você atrairá mais dinheiro (às vezes de formas inesperadas) e, mais importante ainda, começará a sentir-se bem consigo mesmo. Não feche este livro para evitar entrar em ação. Comece agora!

RESTAURE SUA SAÚDE FINANCEIRA

A saúde financeira é restaurada de dois modos. Primeiro, fazendo um trabalho interno para mudar sua forma de pensar e de se relacionar com o dinheiro. Segundo, com um trabalho prático de administração dos seus gastos e contas. Enquanto você faz o trabalho interno de mudar suas convicções, precisa dar alguns passos para melhorar suas finanças. Cada passo exige que você entre em ação e cada ação trará mais abundância.

Escolha as ações que se adaptam melhor às suas necessidades do momento. Se nem imagina por que não sobra dinheiro no final do mês, vá à seção "Saiba para onde seu dinheiro vai" e ponha-se em ação. Se seus extratos bancários são conferidos e as contas são pagas em dia, mas você não é capaz de fazer uma poupança consistente, verifique a seção intitulada "Comece a poupar" ou "Sinta-se à vontade com mais dinheiro". Não importa por onde você comece, entre em ação imediatamente!

Prescrições para a saúde financeira

Trabalho interno – mude sua forma de pensar e de se relacionar com o dinheiro:

- Mude suas convicções
- Crie uma atitude de gratidão
- Divida seu dinheiro com os outros
- Sinta-se à vontade com mais dinheiro
- Respeite a si próprio.

Trabalho externo – desenvolva novas habilidades para lidar com dinheiro:

- Peça ajuda
- Confira suas contas
- Saiba para onde seu dinheiro vai
- Corte suas despesas
- Pague suas contas em dia
- Elimine suas dívidas
- Limpe seu cadastro
- Comece a poupar
- Crie um sistema de contabilidade
- Faça um plano pessoal de gastos
- Invista no seu futuro, invista em você.

TRABALHO INTERNO – MUDE SUA FORMA DE PENSAR E DE SE RELACIONAR COM O DINHEIRO

ENTRE EM AÇÃO! MUDE SUAS CONVICÇÕES

Suas idéias e convicções a respeito de dinheiro têm um papel preponderante na sua saúde financeira. Se você não passa um dia sem se preocupar com a forma de pagar suas contas ou eliminar suas dívidas, essas idéias prejudicarão o estado da sua saúde financeira. As idéias têm poder, e idéias pobres criam resultados pobres.

Eu não estou sugerindo que você simplesmente "tenha idéias sobre abundância" e deixe o resto correr por conta própria – isso é solucionar apenas metade do problema. Se você acha que seus problemas financeiros nunca irão melhorar, a forma mais rápida de mudar essa idéia é desenvolver uma ação prática. Escolha um passo da seção "Trabalho externo" que você sabe que precisa dar e dê esse passo! Entrar em ação imediatamente pode mudar uma idéia negativa do tipo "minha situação financeira nunca irá melhorar" para a convicção positiva "as coisas estão cada vez melhores".

Preste atenção à sua forma de pensar em dinheiro, e veja o que pode estar oculto por trás dessas idéias. Às vezes, quando menos esperamos, nós tropeçamos nas nossas convicções subconscientes. Minha cliente Kate lembrou-se do dia em que descobriu que tinha uma atitude curiosa em relação a dinheiro. Enquanto esperava num cruzamento, viu uma mulher parando ao seu lado num Jaguar. Olhou para a mulher e sua primeira idéia foi: "Puxa, o marido dela deve ser um homem de sucesso." Influenciada pela nossa discussão sobre o que está por trás dos nossos pensamentos, Kate percebeu que tinha a convicção de que as mulheres não ficavam ricas por conta própria. Ficou surpresa e sem graça ao constatar isso. Se atribuía esse tipo de riqueza só aos homens, como podia esperar ter dinheiro um dia?

Que idéias e convicções você tem a respeito de dinheiro? Você ainda acredita que o dinheiro só se multiplica através de trabalho pesado? Pensa que uma pessoa espiritualizada não deve desejar ter dinheiro? Para descobrir suas convicções ocultas e explorar sua forma de pensar e de se relacionar com dinheiro, termine as seguintes frases:

O dinheiro é...
Minha conta bancária é de...
Aqueles que têm mais dinheiro que eu são...
O dinheiro nunca...
O dinheiro sempre...
Com relação à dívida, eu acho...
Quando eu tenho problemas de dinheiro, eu acho...
Com relação a administrar dinheiro, eu sou...
Para ter mais dinheiro, preciso...
Se eu tiver muito dinheiro, então...
Eu não posso ter muito dinheiro porque...
Eu mereço...

O que você aprendeu sobre si mesmo? Suas idéias sobre dinheiro têm um tremendo poder e, quanto mais responsáveis e abundantes forem essas idéias, melhor. Comece a substituir suas antigas convicções usando os seguintes exemplos para torná-las mais positivas:

De: Eu preciso trabalhar duro para ganhar dinheiro.
Para: Eu ganho dinheiro trabalhando de forma inteligente.

De: Eu tenho apenas o suficiente para sobreviver.
Para: Eu tenho mais que o suficiente para viver.

De: Eu nunca vou viver sem dívidas.
Para: Eu gosto da liberdade de viver sem dívidas.

De: Se eu enriquecer, os outros vão me pedir ajuda.
Para: A abundância é meu direito e eu decido a quem vou ajudar.

Escreva suas novas convicções em cartões e coloque-os no espelho do banheiro, perto da cama ou no painel do carro. Mas lembre-se de que isso não substitui a prática – afirmações e ações garantem seu sucesso financeiro!

ENTRE EM AÇÃO! CRIE UMA ATITUDE DE GRATIDÃO

Um estado de espírito de gratidão é como um ímã. Irradia-se para fora, enviando uma poderosa força para o Universo atrair mais abundância e alegria para você. Diariamente, vários sinais mostram que no mundo há muitas coisas pelas quais devemos nos sentir gratos. Um dia ensolarado, um pôr-do-sol maravilhoso, um carro que o leva aonde você quer ou um conselho perfeito de alguém que você encontrou inesperadamente são exemplos sutis de um infindável suprimento de abundância disponível para você.

A melhor maneira de mudar sua relação com o dinheiro é notar onde sua vida é abundante, e ser grato por isso. Por exemplo, quando uma coisa que você queria foi conseguida sem esforço? Você já recebeu uma correspondência com alguma informação importante no exato dia em que pensou naquele assunto? Já ganhou um presente que desejava há muito tempo? Essas ocorrências são lembretes de que riqueza e abundância são o estado natural do Universo.

Para criar um estado de espírito de mais gratidão, tente os seguintes exercícios:

1. Pendure uma folha grande de papel na parede da sua casa e deixe várias canetas coloridas por perto. Toda vez que passar por ali, escreva uma coisa pela qual gostaria de agradecer. Se você mora com outras pessoas, encoraje-as a escrever também. Será sua lista de gratidão. Quando você menos esperar, a folha estará coberta de lembretes. Assim, sua cabeça estará treinada para notar a abundância à sua volta.
2. Crie um ritual de gratidão. Estabeleça uma rotina de anotar as coisas pelas quais você sente gratidão. Por exemplo, um de

meus clientes mantém uma lista no seu diário. Todo mês acrescenta cinco itens ao conferir a relação anterior. Isso o faz parar e se lembrar de tudo de bom que tem acontecido na sua vida.
3. Faça uma celebração de gratidão. Convide os amigos para jantar e peça que eles levem uma lista de dez coisas pelas quais se sentem gratos. Ao longo da noite, mostre sua lista e veja a deles. Você descobrirá coisas novas pelas quais também poderá se sentir grato.

ENTRE EM AÇÃO! DIVIDA SUA RIQUEZA!

Dar aos outros é uma forma de aumentar o fluxo de abundância da sua vida. Há alguns anos eu consegui parar de me preocupar com dinheiro, ajudando outras pessoas sempre que me sentia mal por ter mais do que precisava. Em vez de ficar remoendo essa angústia, eu fazia um cheque para minha instituição de caridade favorita. Os cheques podiam ser de apenas dez dólares, mas a doação me lembrava de que era preciso confiar num processo divino e na natureza cíclica de dar e receber. À medida que eu dava e via o dinheiro entrar de novo na minha vida, minha convicção de que o mundo é um lugar de abundância foi reforçada.

Mas é preciso ter certeza de estar no caminho da saúde financeira antes de dar dinheiro aos outros. Comece com pouco e, à medida que sua conta for crescendo, vá dando mais. Você pode dividir sua riqueza de várias formas. Habitue-se a praticar uma das seguintes ações todo mês a fim de dividir sua riqueza:

- Dar sobras de comida para algum abrigo.
- Levar flores a uma casa de repouso.
- Ouvir as mazelas de um amigo em dificuldade.
- Oferecer seus préstimos aos outros, como técnicas de computador, organização, etc.
- Arrumar seus armários e doar roupas que não usa mais.
- Acompanhar um amigo que está se sentindo mal até o médico.

ENTRE EM AÇÃO!
SINTA-SE À VONTADE COM MAIS DINHEIRO

Como se sente com a perspectiva de ter mais dinheiro? A idéia de mais uma responsabilidade deixa você pouco à vontade? Ao parar para considerar suas reações internas, você poderá desvendar os bloqueios em potencial para atrair mais dinheiro. Para conseguir identificar esses bloqueios, pegue seu diário e faça duas colunas. Escreva na primeira coluna "Vantagens de ter mais dinheiro" e na segunda "Desvantagens de ter mais dinheiro". Agora considere as duas listas com atenção e escreva o que lhe vem à cabeça. De que está com medo? O que preocupa você?

Uma forma de descobrir quais são suas convicções subconscientes quanto a ter mais dinheiro é verificar seus sentimentos a respeito dos que têm mais que você. Você tem sentimentos negativos com relação às pessoas mais ricas que você? Como sua família se sentia na companhia de gente rica quando você estava crescendo? Eles criticavam os ricos? Se criticavam, talvez você tenha medo de ser vítima dos mesmos julgamentos ou críticas. Para sentir-se à vontade com um aumento da sua riqueza, transforme as desvantagens em benefícios. Por exemplo, comece a louvar o dinheiro dos outros. Não fazendo mau juízo dos outros, você não fará mau juízo de si próprio e se sentirá livre para ter mais.

ENTRE EM AÇÃO! TENHA RESPEITO POR SI PRÓPRIO

O que nunca se pede nunca se ganha. Depois que cuidar da sua saúde financeira e entrar em ação para provar isso, você se sentirá mais forte para lutar por uma vida de abundância. Cuidado máximo com você significa solicitar um aumento merecido, pedir um dinheiro que você emprestou ou aumentar seus honorários por serviços prestados. Para a maioria das pessoas, pedir dinheiro é uma tarefa difícil. Mas, seguindo um bom plano, você pode aumentar seu nível de auto-respeito e tornar mais fácil pedir o que é seu por direito.

Minha cliente Diana tinha um escritório de advocacia em uma cidadezinha do centro-oeste dos Estados Unidos. Vários clientes seus lhe deviam dinheiro, mas Diana sentia-se constrangida de pedir que eles lhe pagassem. Para reivindicar o dinheiro que lhe pertencia, ela precisava respeitar mais a si mesma.

Para resolver a situação, primeiro Diana aumentou seus honorários em 50 por cento para todos os novos clientes e passou a exigir um adiantamento. Em seguida, certificou-se de que suas contas fossem enviadas a tempo para que seus clientes soubessem que era uma cobrança séria. Por último, contratou um contador para organizar seu sistema financeiro e apresentar relatórios mensais, mostrando a situação das suas finanças. Isso fez com que Diana se sentisse mais profissional e com controle dos seus negócios.

Ao elevar o valor dos seus serviços e ordenar sua vida financeira, Diana aumentou seu nível de confiança e auto-respeito. Sentindo-se melhor consigo mesma, achou mais fácil procurar os clientes para renegociar os pagamentos pendentes. Com a linguagem certa e uma abordagem direta, conseguiu que 75 por cento das dívidas fossem quitadas em sessenta dias. Quando Diana exigiu seus direitos, os outros começaram a respeitá-la também!

Quando precisar pedir um dinheiro a que tem direito, tente usar uma variação das seguintes declarações:

Para dinheiro que os outros lhe devem

"Estou telefonando para falar sobre o dinheiro que você deve à minha empresa. Eu gostaria que você me explicasse como pretende pagar essa dívida. Vamos começar com suas idéias. Que plano seria mais conveniente para você?"

ou

"Estou telefonando para falar sobre sua conta vencida. Faz quatro meses que você recebeu a fatura e eu gostaria que saldasse essa dívida o mais depressa possível. Você está com algum problema? Por que não me explica sua situação atual para pensarmos juntos numa solução?"

Para pedir um aumento

"Eu gostaria de conversar sobre um aumento de salário. Não recebo uma promoção há mais de um ano e meio. Gostaria que você avaliasse meu desempenho e discutisse comigo uma compensação apropriada. Qual seria a melhor hora para conversarmos?"

Para aumento de honorários

"Prezados clientes, venho informar que meus honorários serão aumentados a partir de 1º de janeiro. Minha hora passará para ________. Estou informando agora para que vocês tenham tempo de se preparar. Estou à disposição para qualquer esclarecimento."

Você notará que o tom desses exemplos é positivo e direto. Quando você se respeita e se valoriza, pede o que tem direito com um tom gentil. As conversas sobre dinheiro devem ter sempre a intenção de parceria. Se estiver lidando com uma pessoa que lhe deve dinheiro e não pretende pagar, não se desgaste emocionalmente: entregue o caso a um advogado ou escritório de cobranças. Ponha o cuidado com você em primeiro lugar. Não caia na armadilha de discussões emocionais disfarçadas em discussões financeiras.

Agora vamos falar sobre o trabalho externo – a habilidade para administrar de forma prática seu dinheiro, fazendo com que sua saúde financeira seja bem cuidada.

TRABALHO EXTERNO – COMO DESENVOLVER NOVAS HABILIDADES PARA LIDAR COM O DINHEIRO

ENTRE EM AÇÃO! PEÇA AJUDA

Na nossa cultura, falar de dinheiro é um tabu social. Os problemas financeiros são mantidos em segredo, mesmo entre os familiares. Porém, é possível sentir um tremendo alívio dividindo as preocupações e os questionamentos sobre dinheiro com gente séria. Nós todos precisamos de apoio para aprender novas técnicas financeiras, seja de um amigo, de um contador ou de um consultor financeiro.

Embora eu tenha sido consultora de imposto de renda durante anos, não preparo mais meu próprio imposto de renda. Nem toco nos papéis. Nossas leis tributárias são complicadas e vivem mudando, e o trabalho para me manter a par delas me toma tempo demais. Então, resolvi contratar um profissional objetivo e experiente para organizar minha vida fiscal e fazer um planejamento para o meu futuro financeiro.

Pedir ajuda é a primeira solução ao obstáculo de negar e evitar. Com a ajuda que você precisa, a ação se tornará sempre mais fácil. É importante que as pessoas que trabalham para você tenham a ver com a sua personalidade. Com muita freqüência, eu vejo clientes transferirem seu poder para um indivíduo com o qual não se sentem à vontade, simplesmente porque ele entende mais de dinheiro. O que você precisa é de um parceiro, de uma relação profissional positiva com alguém que respeite suas preocupações financeiras. Quanto mais medo você tiver, mais apoio terá de buscar. Portanto, quando não souber o que fazer ou tiver dificuldade para seguir em frente, peça ajuda.

Fale sobre dinheiro com seu parceiro ou grupo de treinamento. É confortador saber que os outros têm os mesmos medos e preocupações. Comece esse diálogo respondendo às seguintes perguntas. Se você não tiver o apoio de um parceiro ou de um grupo, use seu diário para escrever suas experiências.

O que sua família lhe ensinou sobre dinheiro? Como eles influenciaram suas convicções?
Qual foi seu maior problema com dinheiro até hoje?
De que sucesso financeiro você tem mais orgulho?
Qual é seu maior segredo no trato com dinheiro?
Quais são seus sonhos financeiros?

A seguir, cada pessoa deve completar a seguinte frase:

Com relação a dinheiro, eu preciso de ajuda para...

Depois, prepare-se para pedir ajuda. Dê e peça o apoio necessário ao grupo, ou procure ajuda de um especialista. Quando for escolher um profissional, faça as seguintes perguntas:

Essa pessoa tem experiência em situações como a minha?
Essa pessoa parece gostar do que faz?
É fácil conversar com ela?
Ela me trata com respeito?
Ela se dispõe a responder às minhas perguntas?
Eu posso pagar seus honorários?
Ela me transmite segurança?
Eu tenho pelo menos três referências dela?

ENTRE EM AÇÃO! CONFIRA SUAS CONTAS

Conferir suas contas é importante para assegurar seu poder financeiro. Quando você ignora o talão de cheques e se contenta em ter apenas uma "idéia" das contas, em geral sofrerá as conseqüências mais tarde. Se não puder conferir, pare de usar a conta até todos os cheques serem descontados ou peça um extrato no banco.

Quanto mais você conhecer sua situação financeira, maior será seu senso de segurança e bem-estar financeiro, e mais motivado você ficará a continuar a melhorar sua saúde financeira.

Meu cliente Samuel nunca se considerou uma "pessoa ligada a números". Nunca se importou em ler seu extrato mensal. Quando precisava saber seu saldo, simplesmente telefonava para o banco para ter uma "idéia" de quanto dinheiro lhe restava. Dizia que "não tinha paciência de conferir o extrato bancário" e achava mais fácil telefonar para o banco. Mas Samuel vivia ansioso com relação a dinheiro. Nunca se sentia seguro e, aos 43 anos, tinha poupado muito pouco dinheiro. Quando sugeri que conferir sua conta poderia ter um grande impacto no seu bem-estar mental e financeiro, ele concordou em tentar.

Telefonou para um amigo (que trabalhava num banco local) e pediu ajuda. O amigo ajudou-o, e Samuel ficou surpreso de ver como era fácil fazer isso. Depois que teve uma noção exata da situação da sua conta, sentiu-se realizado e orgulhoso e considerou esse passo o início de uma nova relação com o dinheiro.

Lembre-se de que um simples ato é suficiente para mudar toda a sua situação financeira.

ENTRE EM AÇÃO!

SAIBA PARA ONDE SEU DINHEIRO VAI

A ignorância não traz felicidade quando se trata de dinheiro. Não deixe de saber exatamente para onde seu dinheiro vai. Em vez de anotar cada centavo (uma tarefa desanimadora e irreal para a maioria das pessoas), comece fazendo um mapeamento simples do seu quadro financeiro. Faça uma lista mensal da sua renda e das suas despesas preenchendo as informações apropriadas na página ao lado:

Renda total mensal: ______________________

Despesas mensais:

Aluguel/Prestação da casa própria
Luz/Gás/Água/Telefone
Transporte/ Combustível
Educação
(Escola/Universidade/Cursos Técnicos)
Saúde (Médicos/Remédios)
Alimentação
Vestuário
Diversão
Pagamentos de empréstimos
Gastos diários
Outros

Saldo do dinheiro: ______________________

Valor a ser poupado: ______________________

Você está ganhando o suficiente para cobrir as despesas e fazer uma poupança consistente? Fica com alguma reserva de dinheiro depois que faz todos os pagamentos? Sabe para onde seu dinheiro vai? Se a resposta for "não tenho certeza", faça uma contabilidade mais detalhada das suas despesas durante um mês. Crie o hábito de, no final do dia, antes de ir para a cama, registrar o dinheiro gasto. Seu diário é um ótimo lugar para essas informações.

No fim do mês, some as despesas e subtraia da entrada total para saber se você teve lucro (receita–despesas=lucro). Quando se trata de dinheiro, os números não mentem. Saber para onde seu dinheiro vai é um passo importante para mudar seus hábitos de gasto e poupança. Os números reais sempre revelam a verdade sobre sua saúde financeira, portanto, prepare-se!

Quando minha cliente Madeleine pôs no papel suas finanças, compreendeu por que nunca tinha dinheiro no final do mês. Habituada a usar cartões de crédito na maioria das compras, ela gastava sempre mais do que ganhava. Quando viu suas finanças no papel, compreendeu claramente por que vivia estressada com relação a dinheiro. Estava na hora de cortar despesas e criar um plano financeiro inteligente.

ENTRE EM AÇÃO! CORTE SUAS DESPESAS

Ao verificar onde seu dinheiro é gasto, identifique as despesas desnecessárias e elimine-as. Pergunte-se quais delas são realmente importantes para sua vida. Além de suas necessidades básicas, como alimentação, moradia, educação, saúde, roupas e transporte, suas outras despesas fazem sentido? Você realmente se diverte toda vez que sai para jantar? Compra roupas que ficam sem uso no armário? Para melhorar os hábitos financeiros, você pode precisar mudar seu estilo de vida.

Quando Thomas Stanley e William Danko entrevistaram pessoas que ficaram milionárias para escrever o livro *O Milionário Mora ao Lado,* descobriram uma estratégia que contribuiu para a riqueza delas: a maioria gastava abaixo de suas posses. Se você tiver problemas para decidir que despesas deve eliminar, peça a uma pessoa de sua confiança para dar uma olhada nos seus gastos e sugerir uma forma criativa de reduzi-los. Ou, então, imagine que ficou sem metade da sua renda e decida como cortar as despesas.

Durante algum tempo, talvez seja preciso cortar despesas que são realmente importantes, como comer fora e comprar roupas novas ou presentes. Mas, com isso, você aprenderá a querer uma coisa sem precisar tê-la imediatamente – técnica importante a ser desenvolvida quando se quer atingir a liberdade financeira. Abrir mão de um desejo em prol da sua saúde financeira envia uma mensagem à sua sabedoria interior de que você é digno de confiança.

Quando o psicoterapeuta Fred percebeu que sua clientela estava diminuindo, decidiu cortar suas despesas e abriu mão de ir aos jogos de basquete até o final da temporada. Embora adorasse o tempo que passava com os amigos, os jogos lhe custavam um dinheiro que ele não tinha. Nos seis meses seguintes, Fred conseguiu sete novos clientes, reduziu sua dívida em 15 por cento e acrescentou trezentos e cinqüenta dólares à sua conta de poupança.

Viver bem não implica gastar muito dinheiro. E viver dentro do orçamento não significa desistir completamente das coisas que lhe trazem alegria. É tudo uma questão de gosto. Você pode resolver ter um estilo de vida mais modesto, trabalhar menos e ganhar menos, porém incluir uma massagem semanal nas despesas obrigatórias. Ou pode deixar de almoçar fora todo dia durante a semana para poder jantar uma noite num bom restaurante. A chave da questão é se perguntar quais as despesas que realmente deixam você feliz. Pense na qualidade, não na quantidade. Ir a uma boa pizzaria pode ser uma forma perfeita de celebrar uma ocasião especial, em vez de dar uma festança ou comer num restaurante caro.

Em geral, os maiores prazeres custam muito pouco. Participar de um jantar caseiro com amigos que nos fazem rir, passar algumas horas com os filhos ou os pais e dar uma caminhada na praia são prazeres que enriquecem nossa vida e ficam gravados na nossa lembrança. Incorporando essas atividades à sua vida diária, você achará mais fácil evitar despesas supérfluas. Tire um tempo para pensar nos prazeres que custam pouco ou mesmo nada, mas trazem muita alegria. Liste cinco exemplos no seu diário. Se quiser orientar-se, os exemplos de meus clientes incluem:

Fazer um piquenique na praia
Passar algumas horas com os amigos
Ler um bom livro
Ver filmes antigos
Fazer amor
Tomar um banho quente demorado
Dar uma caminhada à noite com uma pessoa querida
Brincar com uma criança.

Agora estude suas despesas e substitua as supérfluas com exemplos dessa lista.

ENTRE EM AÇÃO! PAGUE SUAS CONTAS EM DIA

Quando você faz uso de crédito ou de serviços a serem pagos posteriormente, alguém está confiando na sua palavra. É importante a forma como você se sente nessas ocasiões. Se sempre paga suas contas com atraso, isso lhe faz mal, mesmo que você não perceba. De algum modo, saber que está "em falta" detém seu fluxo de abundância. Eu não conheço ninguém que se sinta bem descumprindo sua palavra.

Durante uma sessão de treinamento, minha cliente Patricia me contou uma história que comprova essa afirmação. Patricia estava andando pelo shopping local quando viu o proprietário de uma loja de flores a quem devia dinheiro. Quando lembrou que mais uma vez não tinha pago sua conta vencida, seguiu rapidamente em direção contrária para não dar de cara com o homem. No final da tarde, ela ficou de mau humor. Só quando foi para a cama à noite é que percebeu a ligação entre seu humor e a experiência desagradável do dia.

Pagar suas contas com atraso sai caro. Custa mais do que os juros e a multa, custa sua reputação com os outros e, mais importante ainda, consigo mesmo. Para facilitar o pagamento das contas, você pode fazer o seguinte:

1. Coordenar as datas dos vencimentos. A maioria das empresas faz isso com boa vontade, e será mais fácil para você pagar mensalmente todas as contas ao mesmo tempo.
2. Usar o caixa eletrônico ou o banco domiciliar eletrônico na Internet. Um número cada vez maior de bancos oferece serviços computadorizados. A tecnologia é de grande ajuda para o usuário, que pode pagar as contas do mês automaticamente, com o simples apertar de um botão.
3. Contratar um contador. Se você tem uma vida corrida demais

e não consegue pagar as contas em dia, contrate um profissional para fazer os pagamentos por você.

ENTRE EM AÇÃO! ELIMINE SUAS DÍVIDAS

Comprometa-se a pagar suas dívidas antigas. Se suas contas estão vencidas, comunique-se com seus credores e explique a situação. Dizendo a verdade sobre suas dificuldades financeiras, você mantém sua integridade e deixa os credores saberem que você leva a sério suas responsabilidades.

Estabeleça um plano de pagamento de dívidas usando a seguinte orientação:

1. Faça uma lista das dívidas a serem saldadas.
2. Coloque no alto da lista a dívida com taxa de juros mais alta.
3. Proponha-se a pagar primeiro os empréstimos com juros altos e as cobranças dos cartões de crédito.
4. Faça pagamentos mínimos do resto.
5. Depois que tiver feito o pagamento integral de uma dívida, tire-a da lista.
6. Recompense-se com uma celebração *barata*.

Se você estiver com muitas dívidas, peça ajuda. Os serviços de consultoria de crédito podem lhe dar ajuda para conseguir taxas de juros reduzidas. Pagar dívidas antigas é mais importante que eliminar custos. Dívidas antigas contêm energia antiga. Livre-se delas!

Eu observei a presença divina apoiar meus clientes quando eles se comprometeram a pagar suas dívidas. Meu cliente Carl tinha uma dívida antiga de quinze mil dólares, que estava deixando-o arrasado. Ele se cansou de carregar aquele peso e se propôs a fazer o que fosse necessário para quitá-la. Mudou-se para um apartamento menor, cortou as despesas em 50 por cento e pegou mais um trabalho de meio expediente. Decidiu usar toda essa renda extra para pagar a dívida. No final de oito meses, a dívida tinha sido reduzida quase à metade, passando de quinze mil dólares para oito mil.

Um mês depois, um velho amigo da família, que Carl tinha ajudado durante anos, morreu e lhe deixou de herança oito mil dólares. Com esse dinheiro, ele pagou o restante da dívida. Qual foi a razão dessa sorte de Carl? Eu acredito que foi sua disposição de tomar atitudes consistentes e muitas vezes difíceis para atingir sua meta de saúde financeira.

Uma nota final sobre dívidas: não se deixe levar por ofertas de crédito recebidas pelo correio ou por telefone. Os patrocinadores de cartões de crédito distribuem milhões de ofertas para novos cartões todo ano, e os bancos estão sempre oferecendo empréstimos com taxas mais baixas. Haverá sempre um telemarketing anunciando melhores taxas, especialmente quando seu crédito aumenta. Para eles é dinheiro ganho com facilidade, e a pressão das vendas nunca termina. Mas você acaba com uma pilha de dívidas. Aprenda a dizer "não"!

ENTRE EM AÇÃO! LIMPE SEU CADASTRO

Ter seu nome incluído numa relação de devedores do Serviço de Proteção ao Crédito (SPC) do seu estado pode causar muita vergonha. Se você teve algum problema financeiro no passado, não espere até precisar de um novo financiamento para ver o que diz seu cadastro. O cadastro é um banco de dados e costuma conter as seguintes informações, que servem de referência para as empresas concederem ou não crédito:

Identificação – nome, data de nascimento, número do CPF, filiação
Credores – nome das empresas com as quais você está inadimplente.

Se tiver quitado a dívida, procure o Serviço de Proteção ao Crédito do seu estado. Caso sua situação ainda não tenha sido regularizada, informe-se sobre a documentação que você precisa apresentar. O normal é que a empresa comunique ao SPC que recebeu o pagamento e que seu nome seja imediatamente retirado do cadastro. Se quiser certificar-se, solicite seu cadastro agora.

De acordo com o Código de Defesa do Consumidor, Lei 8.078/90, nenhuma informação de dívida pode ficar no seu cadastro por mais de cinco anos. Depois desse período, a informação prescreve e deve ser retirada do banco de dados do SPC. Porém, a dívida continua junto ao credor.

O cadastro não é o reflexo da sua pessoa. Talvez você precise perdoar-se por seus comportamentos passados. E em certos momentos talvez precise até pagar uma dívida antiga que foi cancelada para sentir-se melhor consigo mesmo. Faça o que for preciso para encerrar o passado e confiar em si mesmo em termos de crédito.

ENTRE EM AÇÃO! COMECE A POUPAR

É difícil poupar quando sua renda não é maior que suas despesas. Lucratividade deve ser sua prioridade número um. Depois de cortar despesas e pagar dívidas, você deve começar a poupar imediatamente. Poupe o máximo que puder, o mais cedo possível, e faça um bom investimento. Quando você combina o poder dos juros compostos (ganhar dinheiro no investimento inicial e nos rendimentos) com um investimento desde cedo, os resultados são incríveis. Por exemplo, imagine que você se proponha a ter um milhão de reais quando tiver 65 anos. Vejamos quanto seria preciso investir anualmente, ganhando 10 por cento de juros, baseado na época em que você começou a poupar.

Se você começasse a poupar aos 20 anos de idade, precisaria investir 1.391 reais por ano para atingir sua meta. Porém, se começasse a poupar aos 30, precisaria investir 3.690 reais por ano. Aos 40 anos teria de poupar 10.168 reais por ano. Finalmente, a partir dos 50, teria de poupar a enorme quantia de 31.474 reais por ano a fim de chegar ao seu objetivo. Como se pode ver, o tempo é fundamental para o investimento!

Agora vejamos o poder dos juros compostos sob outra perspectiva. Imagine que você tenha poupado mil reais por ano dos 20 aos

30 anos de idade (um investimento principal total de dez mil reais). Se recebesse 10 por cento de juros sobre o investimento, teria agora um total de 15.937 reais (um rendimento de 5.937 reais de juros).

A coisa é começar a poupar agora! Comece com uma meta de pelo menos 10 por cento da sua renda bruta. Em outras palavras, se sua renda anual for de sessenta mil reais, reserve seis mil para algum tipo de investimento. Distribua isso em pagamentos mensais (por exemplo, quinhentos reais) e inclua esse valor nas suas despesas. Quanto mais idade você tiver, mais alta terá de ser essa porcentagem para você atingir as reservas financeiras necessárias para a sua aposentadoria. Não deixe de pedir a ajuda de um profissional para determinar a quantia exata que você deve poupar.

Se o dinheiro estiver curto, comece com o simples ato de guardar uns trocados num cofre. Esse novo hábito vai facilitar sua poupança quando você estiver melhor de vida. Discipline-se a poupar. Pense nisso como uma disciplina espiritual, um investimento em você e na sua sabedoria interior. Afinal de contas, a poupança é um ato de cuidado máximo com você e é essencial para criar mais riqueza.

ENTRE EM AÇÃO!

CRIE UM SISTEMA DE CONTABILIDADE

Existem muitos sistemas de contabilidade manuais e computadorizados que podem ajudar você a controlar suas finanças. Com um bom sistema, você se mantém a par das suas finanças. Se não sentir segurança para criar um sistema, contrate alguém para fazer isso por você. Não deixe de agir porque não sabe como fazer. Peça a ajuda de um profissional gabaritado. O tempo economizado e o dinheiro gasto valem o custo de saber para onde seu dinheiro vai.

Como o sapateiro que nunca faz sapatos para si próprio, eu vivia pensando em melhorar meu sistema de contabilidade, mas não conseguia porque trabalhava demais. Durante dois anos, eu soube que meus registros financeiros pessoais e profissionais precisavam ser organizados e que isso podia ser feito por computador. Durante uma sessão com a minha treinadora, ela insistiu para eu rever todo o meu sistema na semana seguinte. Fazia tempo que eu me queixava das minhas finanças e ela me desafiou a testar minhas convicções. Então eu decidi ver como essa tarefa inacabada podia estar afetando minha renda.

Três dias depois, eu passei doze horas ininterruptas diante do computador atualizando meus dados. Depois de tudo terminado, senti um peso enorme sair dos meus ombros. Na época de fazer meu imposto de renda, eu levei apenas duas horas preparando a declaração e vi que minha renda anual tinha sido aumentada em 35 por cento.

ENTRE EM AÇÃO! FAÇA UM PLANO PESSOAL DE GASTOS

Desenvolva uma fórmula para sentir-se bem com seu modo de gastar dinheiro – um plano pessoal de gastos. Eu não peço mais que meus clientes façam orçamentos. Na verdade, tento evitar a palavra "orçamento". Sentimentos negativos, como culpa, privação e restrição, associados a essa palavra, fazem com que eles dificilmente usem um orçamento. Eu uso uma abordagem muito mais simples.

Depois que você começar a poupar uma quantia específica por mês e pagar suas dívidas (com a possível exceção de hipoteca ou empréstimo para compra de carro), considere que a quantia restante corresponde às suas despesas de vida. Em outras palavras, quando você atingir sua meta mensal de poupança, poderá gastar o restante com a sua vida. Caso contrário, não poderá gastar.

ENTRE EM AÇÃO!
INVISTA NO SEU FUTURO, INVISTA EM VOCÊ!

Faça cursos, leia livros, contrate um treinador – faça qualquer coisa para aprender a lidar com dinheiro. Fique a par dos novos programas de computador para organizar suas finanças, das isenções de impostos e de novos investimentos. Essas ferramentas vão ajudar a manter sua saúde financeira em boa forma. E, se sentir que não sabe lidar com tanta informação, consulte um contador de alto nível.

Uma das maneiras mais fáceis de se informar sobre estratégias de investimento é assistindo ao noticiário econômico na televisão ou lendo sobre negócios e finanças nos jornais e em revistas especializadas. Preste atenção às instruções sobre investimento em fundos de participação, refinanciamento de hipotecas e planos de previdência privada.

Converse com os outros sobre investimentos e procure saber como eles conseguiram rendimentos tão altos. Peça que sua família e seus amigos lhe indiquem livros, cursos e consultores financeiros. Lembre-se de que algumas pessoas dedicam suas vidas a estudar estratégias de investimento.

Investir no futuro significa também investir em você! Lembre-se de reservar parte da sua renda para treinamento, atualização das suas técnicas e cuidados pessoais, como melhorar sua imagem ou seu guarda-roupa. Investir em você significa garantir um futuro financeiro melhor.

Meu cliente Tim ficou feliz de ter gasto mil reais em um curso de computação há alguns anos. Embora, na época, todos os seus amigos achassem que ele era maluco, Tim sabia que a Internet se tornaria um importante instrumento nos negócios e que se especializar nessa área poderia significar um avanço na sua carreira. Anos depois, enquanto seus amigos tentavam superar suas deficiências nessa área, Tim foi contratado por um alto salário, o que lhe permitiu poupar mais. No final, o investimento rendeu bons dividendos.

Seguir o processo de restauração da saúde financeira e aprender novas técnicas é um compromisso a longo prazo. Ao fazer o trabalho interno e externo, você cria uma base forte de novos hábitos e convicções que irá assegurar seu futuro financeiro. Volte para o "check-up da saúde financeira" no início do capítulo e atualize sua lista.

A verdadeira segurança significa muito mais que uma conta bancária gorda e ausência de dívidas. Significa ter abundância também no amor, no seu círculo de amizades, no bem-estar espiritual e em outras habilidades. Mas, se o dinheiro estiver curto, todas essas áreas serão afetadas.

Abundância é um direito seu. Não é preciso completar todos os passos para receber recompensas. Procure os sinais que lhe dirão que você está na trilha certa – uma herança, um aumento de salário ou um erro no talão de cheques que aumenta seu saldo bancário inesperadamente. Qualquer que seja o caso, espere que um poder divino recompense seus esforços. Quando você se respeita, sempre terá uma recompensa.

5

QUAL É O SEU COMBUSTÍVEL?

O DESPERTADOR TOCOU ÀS SETE HORAS da manhã. Meredith espreguiçou-se e iniciou sua rotina matinal. Foi acordando aos poucos, para começar o dia bem, sentou-se na cama e pegou seu diário. Em geral, sua primeira atividade da manhã era escrever umas páginas no diário e fazer uma oração. Terminado esse ritual, tomava uma ducha quente, arrumava a sacola de ginástica e sentava para tomar o café da manhã. Quando Meredith olhou pela janela da cozinha e viu vários passarinhos, deu um sorriso. Seria mais um belo dia de sol. Depois de fazer ginástica e sauna ela chegaria renovada ao escritório e pronta para encontrar-se com sua cliente favorita às dez horas.

Meredith é uma executiva de uma agência de publicidade. Seus amigos e colegas ficam pasmos com sua capacidade de cuidar tão bem da sua saúde, mesmo tendo uma atividade profissional reconhecidamente estressante devido à grande competitividade e aos prazos apertados. Mas Meredith é esperta. Já comprovou que tendo um cuidado máximo consigo mesma cumpre melhor suas obrigações, de forma relaxada e concentrada, do que seguindo o ritmo frenético dos colegas. Não aceitou esse ritmo considerado inevitável na sua área e fez a escolha consciente de usar um tipo diferente de energia no seu trabalho – o combustível prêmio.

Se já começou a fazer as mudanças apresentadas nos capítulos anteriores deste livro, sua vida deve estar melhor e você, preparada para escolher o que lhe dá mais energia – os tipos de comportamento e hábitos que estimulam você. A energia faz com que a gente se concentre, entre em ação de forma consistente e viva uma vida total. Mas onde buscar essa energia? O que alimenta o corpo, a cabeça e o espírito?

Vários tipos de alimento nos dão a energia de que precisamos para entrar em ação. Alguns são melhores que outros. Por exemplo, a energia que vem da ginástica, da alimentação nutritiva e do amor e apoio de pessoas queridas nos alimenta e fortalece nossa saúde a longo prazo. Outras fontes de energia, como adrenalina, cafeína, açúcar e ansiedade, podem ser altamente estimulantes no curto prazo, mas em última instância põem nossa saúde em risco. Como acontece com a gasolina, você pode escolher um combustível que queime mais devagar e dure mais tempo, ou pode usar um combustível de queima rápida, que lhe dê um reforço imediato e poderoso mas acabe depressa. Esses dois tipos de energia podem ajudar você a cumprir várias obrigações, mas só um fortalece sua saúde física, emocional e espiritual. Um é combustível aditivado, prêmio, o outro é combustível fraco.

Meredith tomou a decisão consciente de mudar do combustível fraco para o prêmio. Você pode fazer o mesmo. Infelizmente, muita gente usa o combustível menos indicado. Sam, que vive em conflito com seu chefe, é alimentado pelo medo. O medo faz com que ele se sinta estressado além do normal e trabalhe até tarde da noite para evitar confrontos. Judy, alimentada por uma necessidade de aprovação, tenta ajudar todo mundo, atua como voluntária em vários lugares diferentes e acaba trabalhando freneticamente à noite e nos fins de semana para cumprir todas as suas obrigações. E Pauline toma um cafezinho atrás do outro porque a cafeína é o combustível que a mantém ligada. Essas fontes de energia – medo, ansiedade e estimulantes externos, como cafeína e açúcar – põem em risco a saúde a longo prazo. E contribuem para o uso do combustível mais difundido no mundo globalizado hoje em dia: a adrenalina.

DEPENDÊNCIA DA ADRENALINA

A adrenalina parece ser a droga escolhida por muitos novos clientes meus. E é fácil compreender por quê. As agências de publicidade gastam bilhões de dólares para aumentar nosso nível de adrenalina, aconselhando-nos a "agir agora antes que seja tarde demais!". A televisão e o rádio nos bombardeiam com uma programação de ação rápida e imagens poderosas (boas e más), que aumentam nosso nível de ansiedade. E a invasão dos computadores, das dezenas de canais de televisão a cabo e da Internet nos tentam a procurar as últimas notícias e informações vinte e quatro horas por dia. Todas essas coisas contribuem para a superestimulação da nossa glândula supra-renal, tornando difícil diminuir o ritmo e relaxar.

O excesso de uso da glândula supra-renal mantém nosso corpo programado para se manter "em alerta". Esse estado mantém o sistema de luta pronto para agir e pode com o tempo causar esgotamento da supra-renal. O Dr. Glen Rothfeld, um médico holístico, já viu com freqüência as conseqüências de esgotamento da supra-renal. Segundo ele, "a adrenalina é usada como uma droga, forçando nosso corpo a trabalhar mais rápido e com mais vigor com as reservas de energia que temos. O resultado final pode ser uma queda de energia e de açúcar no sangue e um esgotamento das nossas reservas nutricionais". Ele diz ainda que "os viciados em adrenalina procuram um reforço para sua reação de alerta, mas, como ocorre com outros viciados, esse reforço torna-se cada vez menos satisfatório". Os resultados são desastrosos: "Ao longo do tempo, altos níveis de adrenalina podem causar problemas cardíacos, diabetes e estados de fadiga crônica, além de provocar insônia, baixa de imunidade, ansiedade e depressão."

A adrenalina é produzida pela glândula supra-renal, que regula a reação de alerta do corpo em experiências estimulantes. Essas experiências podem ser positivas ou negativas. Quando você tem um compromisso importante e não consegue escapar do engarrafamento, a ansiedade que sente dentro do carro é causada pela adrenalina. Quando o negócio que consumiu dias de trabalho finalmente é fechado, a excitação que você sente é proveniente da adrenalina. A adrenalina não é ruim em si, mas quando desenvolvemos hábitos estressantes, como sair sempre em cima da hora ou trabalhar em vários projetos ao mesmo tempo, ela nos causa problemas.

Meu cliente Alex, por exemplo, se sentia forçado a checar suas mensagens telefônicas e eletrônicas a toda hora. Embora não percebesse, sentia essa compulsão porque seu nível de adrenalina aumentava toda vez que ele checava suas mensagens. Durante o dia, quando tinha uma queda de energia, dizia que checar suas mensagens "lhe dava um pequeno reforço". Mas esse hábito tornou-se desgastante, pois ele passou a verificar suas mensagens de oito a dez vezes por dia. Mesmo nas férias, acabava encontrando um telefone para verificar se tinha mensagens. Para eliminar esse hábito de ansiedade, eu sugeri que ele limitasse suas verificações a duas vezes por dia, ao meio-dia e às quatro horas da tarde. De início foi difícil. Ele sentia-se levado a fazer isso quase como se fosse um vício. Eu expliquei que, de fato, ligar-se demais à ansiedade e à adrenalina pode causar dependência. Sugeri que Alex tomasse um copo d'água ou desse uma volta toda vez que se sentisse tentado a checar suas mensagens. Dentro de um mês ele quebrou esse hábito e livrou-se dessa compulsão.

O conceito de adrenalina como fonte de energia é desconhecido para a maioria dos meus clientes. Raramente eles sabem que estão usando a reação de alerta como combustível. Tornaram-se tão acostumados a viver uma vida frenética e a correr para cumprir seus compromissos, que desenvolveram certos hábitos e comportamentos que criam um círculo vicioso de excesso de uso de adrenalina.

Para testar se a adrenalina se tornou o seu principal combustível, responda às seguintes perguntas:

Você vive na dependência da adrenalina?

_____ Você se compromete demais em termos pessoais e profissionais?

_____ Você assume dois compromissos sociais ao mesmo tempo?

_____ Você checa várias vezes sua secretária eletrônica ou seu e-mail ao longo do dia?

_____ Sua programação é tão cheia, que você não tem um tempo de folga?

_____ Você se sente perdido sem o bip, o telefone celular ou o laptop?

_____ Você deixa tudo para a última hora ou usa prazos apertados para concluir seus projetos?

_____ Você se atrasa com freqüência para seus compromissos?

_____ Você sempre entra em conflito com os outros?

_____ Você dirige depressa demais?

_____ O marcador de gasolina do seu carro está sempre perto do vazio?

_____ Você detesta parar o carro para pedir informações ou verificar sua localização num mapa?

_____ Você vive na corda bamba em termos financeiros?

_____ Você não consegue esquecer a pressão do tempo?

_____ Você só toma decisões ou entra em ação na última hora, apesar da ansiedade que isso lhe causa?

_____ A idéia de não fazer nada é desconcertante para você?

_____ Se o telefone toca quando está saindo de casa ou do trabalho, você sempre responde?

_____ Você acorda no meio da noite com a cabeça fervilhando, sem conseguir dormir?
_____ Você assume vários projetos ao mesmo tempo?
_____ Você está sempre atrás de idéias novas?
_____ Você se esquece freqüentemente dos seus compromissos?

Se você respondeu "sim" a mais de cinco perguntas, possivelmente vive sob o efeito de adrenalina. Esses comportamentos geram uma ansiedade constante e essa ansiedade bombeia adrenalina para o seu corpo. Há formas melhores de estímulo, mas antes de considerá-las vamos ver como quebrar o hábito da adrenalina e começar a usar um combustível prêmio.

ABANDONE O HÁBITO DA ADRENALINA

A dependência da adrenalina pode ser um hábito difícil de se quebrar. Mas posso garantir que, do outro lado da vida alimentada pela adrenalina, existe a paz de espírito que você tanto busca. A maior dificuldade para quem quer mudar seu comportamento é que a adrenalina pode dar uma sensação de euforia, o que faz com que seja facilmente confundida com uma boa fonte de energia. Já ouvi clientes dizerem que prazos apertados aumentavam sua motivação e que, com uma agenda cheia, eles se mantinham sempre animados e em alerta.

A adrenalina é sorrateira e seus efeitos negativos só aparecem com o tempo. Ao descobrir que se tornou dependente dela, é mais fácil perceber o que precisa fazer para mudar. E quando você abandona esse vício, fica livre para fazer escolhas mais saudáveis para a sua vida, como comer bem e se exercitar regularmente.

Mudar sua fonte de energia da adrenalina para um combustível mais saudável leva tempo. Como nossa cultura promove um estilo de vida acelerado, é preciso paciência e prática para baixar o ritmo do seu corpo. Você pode começar esse processo com alguns exercícios simples (mas não necessariamente fáceis). Tente uma das seguintes ações e note como seu corpo passa para um ritmo mais lento:

ENTRE EM AÇÃO! CHEGUE CEDO

Comece a chegar quinze minutos antes da hora marcada nos seus compromissos. Essa única ação pode ter um grande impacto no ciclo da adrenalina. Vejamos como fazer isso. Pegue seu caderno de anotações, diário ou agenda e faça um círculo em volta do horário dos compromissos que você assumiu para se lembrar de chegar cedo e relaxar de antemão. Separe um tempo para respirar. Pare de tentar fazer coisas demais em pouco tempo. Esse chamado uso eficiente do tempo causa estresse e ansiedade, aumenta sua adrenalina e diminui sua produtividade a longo prazo.

Quando programar novos compromissos, acrescente sempre um tempo antes e depois da hora estabelecida. Por exemplo, se marcar um compromisso das duas às três horas, considere o horário de uma e meia às três e meia. Se fizer isso regularmente, em breve notará que adquiriu mais energia – a energia originada de um lugar calmo e mais centrado.

ENTRE EM AÇÃO!
FAÇA UM EXERCÍCIO DIÁRIO DE RELAXAMENTO

Quando decidir abandonar o hábito da adrenalina, você terá de aprender a baixar o ritmo. Como uma máquina que funciona depressa demais durante muito tempo, seu corpo precisará fazer um ajuste no seu relógio interno. Para facilitar esse processo, tente usar as seguintes técnicas:

Ouça CDs de meditação e relaxamento. Uma voz calma pode guiar você e lhe ensinar como chegar a um estado de relaxamento. Quando ouve um CD de meditação várias vezes, você treina sua cabeça a mandar um sinal de relaxamento para o corpo ao ouvir certas palavras ou frases. Depois de algum tempo, você é capaz de repetir com calma essas palavras ou frases para si próprio e usá-las para relaxar em qualquer situação. Meu cliente Brent descobriu que, ouvindo um CD de meditação duas vezes por dia, ele aprendeu a relaxar naturalmente em duas semanas. Muitos outros clientes também se surpreenderam com a eficácia de ouvir diariamente esses CDs.

Tome um banho demorado. Um banho quente é outra forma boa de relaxar. Crie um ritual de cuidado com o corpo acrescentando óleos calmantes essenciais, como lavanda ou sândalo. Se tiver uma banheira ou hidromassagem em casa, relaxe um bom tempo dentro da água quente. Também sugiro que você acenda velas e ouça CDs de relaxamento. Crie um "verdadeiro spa" na sua própria casa. Se não tiver banheira, vá ao clube ou à academia de ginástica e faça uma sauna. Quando está tudo calmo no escritório onde trabalha, minha cliente Heidi vai à ginástica na hora do almoço e aproveita para meditar durante quinze minutos na sauna. Acostumar-se a um ritmo relaxado leva algum tempo, mas não se esqueça de tornar o cuidado máximo com você prioritário.

ENTRE EM AÇÃO! ELIMINE PERTURBAÇÕES, INTERRUPÇÕES E ABORRECIMENTOS

Perturbações e interrupções – pequenas coisas que podem causar grandes aborrecimentos – aumentam seu nível de ansiedade e criam a reação de adrenalina. Elimine coisas que perturbam seu dia-a-dia, ainda que de forma sutil. Por exemplo, programe uma hora para fechar a porta da sua sala e terminar um trabalho que dependa de total concentração. As interrupções constantes aumentam o nível de estresse e mantêm seu corpo exigindo mais. Pendure uma placa na porta com os dizeres "Favor não incomodar" para mostrar que você não está disponível. Avise com antecedência à sua equipe e aos seus colegas que você usará esse método para finalizar seus projetos dentro do prazo. Essa estratégia simples fez maravilhas com minha cliente Dorothy, editora de uma revista americana especializada em negócios.

Dorothy reclamava que não conseguia escrever suas matérias devido às constantes interrupções dos repórteres da sua equipe. Eu sugeri que desse um bom exemplo para outros redatores e editores criando um horário sagrado para escrever. Sugeri que ela separasse três manhãs por semana para escrever sem ser interrompida e que pedisse aos outros jornalistas que fizessem o mesmo. Eles levaram algum tempo para se acostumar, porque não resistiam à tentação de pedir "só um minuto" para discutir algum problema. Isso obrigou Dorothy a estabelecer limites rígidos, mas depois de um mês várias pessoas da equipe passaram a cumprir seus prazos sem dificuldade.

Desligue a campainha do seu telefone. O telefone que toca enquanto você está trabalhando, lendo um bom livro, vendo um filme ou tentando dormir mantém seu corpo alerta. Você algum dia acordou de um sono profundo com o telefone tocando? A batida rápida do seu coração é uma indicação de que a reação de alerta acabou de ser acionada. Eu fico surpresa de ver quantas pessoas ainda deixam o telefone tocar e sentem-se obrigadas a atender no meio de uma atividade que exige concentração e calma. Quem disse que você tem de atender o telefone só porque ele toca? Livre-se dessa perturbação. Dê a si mesmo o presente do silêncio – isso pode ser uma outra grande fonte de energia.

O que perturba ou aborrece você? Preste atenção às visões e sons que superestimulam sua energia, como uma torneira pingando, paredes cobertas de quadros ou até mesmo uma estante de livros ao lado da cama. Essas coisas sutis distraem sua atenção e atrapalham a concentração ou o relaxamento. Passe uma semana listando essas coisas. No final da semana, comece a eliminar os itens dessa lista para sempre.

Quando meu cliente Nathan pesquisou as fontes de suas perturbações, identificou várias coisas que o aborreciam. A campainha do telefone e do despertador do rádio-relógio tinham um som agudo e penetrante. A música alta do quarto do seu filho não deixava que ele se concentrasse quando tentava ler, e essa frustração em geral causava uma briga. Para solucionar esses problemas, Nathan comprou um telefone e um despertador com toques mais agradáveis e fones de ouvido para o filho ouvir música sem atrapalhar a leitura do pai. O fim dessas perturbações aparentemente sem importância melhorou a qualidade de vida de Nathan.

Quais são as causas do seu estresse? O que está aumentando seu nível de adrenalina? Elimine esses incômodos e tome decisões conscientes. Assim como as perturbações auditivas, o estímulo visual pode aumentar seu nível de ansiedade. Note o que ocorre quando você anda por um shopping movimentado. As luzes, a multidão e os letreiros coloridos podem causar sobrecarga sensorial. Esse mesmo tipo de sobrecarga pode ocorrer quando sua casa ou escritório "parecem" muito movimentados.

Você pode eliminar esse excesso de estímulo criando o que eu chamo de "clareza visual". Já lhe aconteceu de entrar em uma sala com poucos móveis ou objetos decorativos e ter uma agradável sensação de relaxamento? A clareza visual reduz o nível de estresse e ajuda a criar um ambiente tranqüilo, que melhora seu fluxo de criatividade.

Verifique seu ambiente. Quando entrar em casa ou no escritório, olhe as paredes, o chão, as mesas e estantes. Como você se sente? Em paz ou agitado? Agora, faça um levantamento de tudo e escreva as mudanças específicas que gostaria de fazer no quarto, no escritório, na cozinha e em outras áreas.

Experimente o que funciona para você. Veja como se sente depois de dar uma boa limpeza na sua mesa para poder se concentrar em um projeto de cada vez. Guarde as coisas em um lugar onde elas possam ser facilmente encontradas. Se tiver medo de esquecer um compromisso importante, faça uma lista de "coisas a fazer" e reveja a lista diariamente.

Às vezes até mesmo as lembranças favoritas podem distrair nossa atenção. Quando minha cliente Jennifer foi arrumar seu escritório, seus olhos foram atraídos para uma colagem de fotos pendurada em cima da sua mesa. A idéia inicial era que as fotos de suas férias com as amigas alegrassem o ambiente de trabalho. Com o tempo, o painel foi aumentando e a colagem ficou tão grande, que se tornou uma perturbação visual. Jennifer decidiu passar as fotos para um álbum e colocá-lo numa mesa de centro. Criando clareza visual, ela passou a produzir mais no trabalho.

Lenore criou clareza visual de forma diferente. Ela notou que sua adrenalina era acionada toda vez que checava seu e-mail e encontrava pelo menos vinte mensagens não lidas – quase todas com informações diárias enviadas pelo seu provedor da Internet e por vários outros sites. Ela dizia que se sentia "bombardeada" com tanta informação. Embora de início ela tivesse posto seu nome nessas listas para se manter atualizada, isso passou a perturbar seu trabalho. Quando retirou seu nome dessas listas, sua ansiedade diminuiu.

ENTRE EM AÇÃO! CONCENTRE SUA ENERGIA

Outra forma comum de manter o fluxo de adrenalina é querer fazer tudo ao mesmo tempo. Investir tempo e energia em muitas áreas causa estresse e ansiedade. Em vez de desdobrar-se para dar conta de diferentes projetos ou prestar serviços para uma dúzia de empresas, diminua seu foco. Faça uma ou duas coisas bem e canalize sua energia. Trabalhar em várias frentes ao mesmo tempo dá a impressão de alta produtividade, mas em geral baixa o rendimento.

Uma forma de concentrar energia é estruturar seu tempo de modo diferente. Planeje um dia ou uma tarde específica por semana para trabalhar sem interrupção. Depois, programe um tempo para dar e receber telefonemas. Dividir seu tempo em vez de fazer várias tarefas de uma vez só reduz a adrenalina e torna o trabalho mais rápido.

Minha cliente Peggy, organizadora de conferências, reformulou radicalmente seu método de trabalho. Em geral, sua concentração era dividida entre telefonemas importantes, orçamentos a serem atualizados e idéias de programas a serem criados para os clientes. Às três horas da tarde, Peggy sentia-se exausta.

Eu sugeri que, três manhãs por semana, ela fechasse a porta do escritório e pedisse à secretária para anotar todos os telefonemas que recebesse. Durante esse tempo, trabalhava nos projetos que precisavam de sua total concentração, como desenvolvimento de propostas e orçamentos. À tarde, ela dava telefonemas e retornava os que tinham sido anotados pela secretária. Peggy avisou aos clientes que usaria essa nova "concentração de tempo" para aumentar sua produtividade e receptividade às suas necessidades e pediu o apoio deles.

Embora à vezes ela se sentisse tentada a assumir os problemas dos clientes como se fossem seus, manteve-se firme nessa nova programação. O resultado foi animador: Peggy passou a realmente prestar atenção ao que os outros lhe diziam e recebeu elogios de sua equipe por ter tornado o clima do escritório menos tenso. Rotina e organização significam energia concentrada, uma poderosa ferramenta para o sucesso! Não confunda excesso de trabalho com obtenção da sua meta – são duas coisas muito diferentes.

Ao deixar de usar adrenalina como fonte de energia, prepare-se para algumas dificuldades. Muitos clientes dizem que se sentem impacientes ou entediados. Isso faz sentido. Seu corpo está tão acostumado a funcionar em ritmo acelerado que se sente estranho quando esse ritmo baixa. Se começar a se sentir desconfortável, considere isso um sinal de que está no caminho certo. Quando todo o seu tempo está tomado de compromissos, a adrenalina faz com que você se desligue dos seus sentimentos, exatamente a coisa que torna a vida rica. Não deixe sua vida passar, ela merece um desconforto temporário.

Uma nota final sobre a adrenalina: se for muito difícil diminuir seu ritmo, marque uma hora com um bom médico holístico para testar seu sistema supra-renal.

Não caia na arapuca da adrenalina. Peça apoio ao seu parceiro ou grupo de treinamento. Comprometa-se com as ações necessárias para se livrar do hábito da adrenalina e verifique seu progresso na próxima reunião. Isso servirá de incentivo para que você se mantenha nos trilhos. Como nossa cultura induz as pessoas a viverem com um alto nível de adrenalina, é preciso criar novos hábitos para se livrar dessa dependência.

Agora vejamos a energia originada de combustíveis mais saudáveis que nos capacitam a fazer tudo que queremos e contribuem para o nosso bem-estar. Conseguir viver a vida que você deseja é um acontecimento de longo prazo. Use os bons combustíveis necessários para você se sustentar. Examine a lista abaixo de "O que está alimentando você?" e verifique as boas fontes de energia já existentes na sua vida.

O que está alimentando você?

Relacionamentos

_____ Eu gosto de conviver com amigos especiais.
_____ Eu divido minha vida com uma alma gêmea.
_____ Eu tenho uma enorme ligação com a minha família.
_____ Eu sinto imenso prazer de passar um tempo com crianças.
_____ Eu possuo um animal de estimação que me traz alegria e me dá um amor incondicional.
_____ Eu convivo com gente que me diverte e me faz rir.
_____ Meus amigos me dão amor e apoio.
_____ Eu tenho relacionamentos que me estimulam intelectualmente.
_____ Eu tenho amigos com os quais posso contar em momentos de necessidade.
_____ Eu sinto que tenho uma forte ligação com as pessoas com quem me relaciono.

Ambiente

_____ Eu tenho um cantinho especial em casa para "nutrir minha alma".

_____ Eu ouço minhas músicas favoritas com regularidade.

_____ Eu sou exigente para me vestir e me sinto bem com as roupas que uso.

_____ Eu me livrei de todas as quinquilharias das quais não preciso mais.

_____ Eu sempre tenho flores frescas em casa e no escritório.

_____ Minha casa é arrumada, limpa e bem organizada.

_____ Eu tento criar um ambiente harmonioso e bonito à minha volta.

_____ Eu gosto do bairro onde moro.

_____ Meu quarto é o lugar perfeito para uma boa noite de sono.

_____ Meu apartamento tem pelo menos um quarto com uma vista bonita, que me dá muito prazer.

Corpo, cabeça e espírito

_____ Eu faço ginástica com regularidade.

_____ Eu eliminei a cafeína da minha dieta.

_____ Eu tenho uma forma de relaxar que elimina o estresse.

_____ Eu como uma comida saudável e nutritiva.

_____ Eu cuido do meu corpo fazendo check-ups médicos com regularidade.

_____ Todo dia eu leio alguma coisa para me estimular a manter uma atitude positiva.

_____ Eu sigo uma prática espiritual que me liga à minha sabedoria interior.

_____ Eu tenho uma forte ligação com um poder maior que eu mesmo.

_____ Todo dia eu separo um tempo para ficar só e em silêncio.

_____ Eu tenho uma fonte de escape segura e saudável para meu bem-estar emocional.

Trabalho

_____ Eu gosto do meu trabalho.
_____ Minha locomoção para o trabalho não é estressante.
_____ Eu tenho um mentor que me guia e encoraja.
_____ Eu sempre faço um intervalo para almoçar.
_____ Eu tenho colegas que me inspiram e me respeitam.
_____ Eu tiro uns dias de folga para cuidar da minha saúde mental quando preciso.
_____ Eu ainda me sinto com bastante energia no final da maioria dos dias de trabalho.
_____ Meu escritório é um lugar bonito, bem organizado e sem perturbações.
_____ Meu trabalho amplia a minha visão da vida.
_____ Minhas idéias e talentos são bem aceitos no meu trabalho.

Dinheiro

_____ Eu sempre tenho dinheiro no bolso.
_____ Eu tenho um sistema para manter minhas finanças em ordem e sei para onde meu dinheiro vai.
_____ Eu tenho plano de saúde, seguro de vida ou previdência privada.
_____ Eu faço poupança de forma consistente.
_____ Meus impostos são pagos em dia.
_____ Eu fiz bons investimentos que me renderam bastante dinheiro.
_____ Eu sou uma pessoa generosa e divido meu dinheiro com facilidade.
_____ Eu me cuido em primeiro lugar.
_____ Eu gasto meu dinheiro com coisas de que gosto.
_____ Eu pago o valor total dos meus cartões de crédito todo mês.

Essas são as coisas que abastecerão você e contribuirão para a qualidade de sua vida. Usando o mesmo processo de contagem do capítulo 3, dê 2 pontos para cada item checado. Contabilize cada seção individualmente e multiplique por 2. Então, some a contagem de cada seção. De um total de 100 pontos, qual foi a sua marca? Se sua pontuação foi baixa, não se preocupe. Agora que você tem mais tempo e energia disponíveis, será mais fácil acrescentar esses bons combustíveis à sua vida.

Meu cliente Ken surpreendeu-se ao constatar como foi fácil mudar seus hábitos de trabalho depois que acabou com a dependência da adrenalina. Ken era gerente de departamento da empresa Fortune 100. Decidiu mudar sua rotina semanal, acrescentando fontes saudáveis de energia enquanto estava no escritório. Passou a fazer mais atividade física durante a semana e a ser mais sociável com seus colegas. Deixou de trabalhar no horário de almoço e de alimentar-se só de barras de chocolate e café. Começou a correr três vezes por semana e, nos outros dias, convidava os colegas para almoçar.

Durante o almoço, Ken descobriu que ele e os novos colegas tinham muita coisa em comum. Um deles precisava colocar o pai idoso em uma casa de repouso, e Ken, que tinha passado por esse problema dois anos antes, lhe deu conselhos e apoio. Outro adorava basquete, o esporte favorito de Ken. Quando voltava para o escritório, depois desses almoços prazerosos, ele se sentia energizado e trabalhava com mais prazer.

COMBUSTÍVEL PRÊMIO

Vamos ver como você pode acrescentar um combustível prêmio na sua vida. Há três áreas que eu gostaria que você focalizasse:

- Alimento para o seu corpo
- Alimento para sua cabeça
- Alimento para seu espírito.

ENTRE EM AÇÃO! ALIMENTE SEU CORPO

Cuidar do corpo é essencial para uma vida de alta qualidade. Se você alimentar seu corpo com combustível prêmio, terá a força e resistência necessárias para viver bem. Quando começar a ajeitar sua vida, verá que seu corpo seguirá essas mudanças. Muitos clientes que usam as prioridades certas e começam a melhorar a vida perdem o excesso de peso e passam a ter menos problemas de saúde.

Com milhares de livros disponíveis sobre saúde e boa forma, não é preciso dizer como cuidar bem do corpo. Aliás, eu raramente dou conselhos sobre isso, deixo o assunto a cargo dos profissionais dessas áreas. Porém, recomendo estratégias específicas para ajudar meus clientes a se alimentarem de forma divertida e nutritiva. Gostaria que você tentasse alguns dos seguintes exercícios.

É fácil ter uma alimentação saudável. A comida é uma fonte direta de combustível para o corpo. Como ocorre com a gasolina dos carros, uma boa refeição garante o bom funcionamento do corpo. Mas comer de forma saudável é um desafio. Se você tem dificuldade de perder peso ou de comer bem, procure um profissional para lhe dar uma ajuda. Os bilhões de dólares gastos todo ano com livros de dieta e equipamentos de ginástica mostram que milhões de pessoas tentam se enquadrar no atual padrão de beleza, mas nem sempre a mentalidade do "tamanho único" funciona.

Procure um nutricionista para aprender que tipos de comida são mais adequados para o seu biotipo. Diga que quer uma dieta criada especialmente para você e que combine com a sua forma de ser. Baseie-se no que você já faz bem. Deixe que o apoio constante desse especialista ajude a pôr em ação novos padrões. Escolha um profissional não só experiente em nutrição como também apto a lidar com os problemas emocionais relacionados à comida.

A maioria das pessoas sabe que algumas comidas são mais saudáveis que outras. Que alimento bom você incluiu na sua dieta que poderia comer mais? O que você gostaria de cortar da sua alimentação? Liste os alimentos que gostaria de comer mais e os que gostaria de comer menos. Nos próximos trinta dias, escolha um alimento que você sabe que deve comer menos e substitua por outro mais saudável. Faça mudanças graduais. Se você toma café demais, resolva isso diminuindo o número de cafezinhos por dia. Ou se come todo dia um pão doce quando vai para o trabalho, substitua, por exemplo, por um pão integral com uma fatia de queijo branco. Que mudanças simples você pode começar agora mesmo?

Contrate uma cozinheira. Quando meu marido e eu somamos todo o dinheiro que gastávamos comendo fora e mandando buscar um lanche aqui e ali, descobrimos que se contratássemos uma cozinheira para preparar refeições saudáveis e nutritivas estaríamos fazendo uma boa economia. Assim, quando estamos muito ocupados, não precisamos perder tempo fazendo comida, simplesmente abrimos a geladeira e esquentamos a refeição.

Experimente novas comidas saudáveis. É bem mais fácil substituir um alimento pouco saudável por outro melhor quando você pode escolher o que lhe agrada. Entre num curso de culinária, compre um bom livro de receitas ou pegue dicas com os amigos.

Divirta-se fazendo exercícios. Eu sei que você sabe disso, portanto considere este conselho um lembrete de um amigo: mantenha seu corpo ativo! Os exercícios alimentam seu corpo, sua cabeça e seu espírito. E podem se tornar um instrumento para você se religar com o corpo de forma divertida e estimulante. Por que não tentar uma coisa nova e diferente? Por exemplo, faça uma aula de *spinning* ou pratique a escalada dentro da própria academia. Mesmo que você tenha 50 anos e não ande de bicicleta desde os 15, vale a pena arriscar!

Vá se exercitar ao ar livre. Suba uma montanha ou dê uma caminhada. Chame um amigo para correr com você num parque ou na beira da praia. Viaje para um lugar mais tranqüilo no final de semana e aproveite para andar, respirar ar puro e curtir a paisagem. Percebi que os clientes que se exercitam com regularidade se enquadram em uma dessas três situações: escolheram um esporte ou atividade de que realmente gostam, fazem exercícios com um amigo ou experimentam novas atividades de tempos em tempos.

Tornando os exercícios divertidos e interessantes, você mantém sua motivação lá no alto. Há algum esporte ou atividade que você poderia retomar? Alguma coisa de que você gosta? Tente algo novo como:

Hidroginástica	*Vôlei*
Patinação	*Basquete*
Natação	*Tênis/Squash*
Trilha	*Capoeira*

Minha cliente Connie tinha dificuldade de fazer algum tipo de exercício até que uma amiga a convidou para assistir à sua aula de dança de salão. Mesmo se achando meio desajeitada, ela resolveu entrar para o curso de dança. E foi um sucesso! Ela gostou da música, aprendeu os passos com facilidade e começou a ter aulas três vezes por semana.

Se você é o tipo de pessoa que se cansa facilmente das coisas, mude sempre de atividade. Dê uma pedalada um dia, vá à academia no outro e tente fazer trilha nos fins de semana. Não pense em exercício como uma opção, mas sim como parte da sua rotina de cuidado com a saúde. Os benefícios do exercício – como manter um peso saudável, desenvolver ossos mais fortes e criar mais energia – são facilmente esquecidos porque são cumulativos e não imediatos. Comece a pensar em exercícios diários como um depósito para sua saúde e bem-estar a longo prazo.

Cuide bem do seu corpo. Praticando o cuidado máximo com você, trate muito bem do seu corpo. Programe uma massagem ou alguma outra forma de trabalho corporal para relaxar os músculos e rejuvenescer a pele. No passado, fazer massagem era considerado um luxo. Hoje em dia, com uma vida cada vez mais sedentária e um crescente nível de estresse, nosso corpo acumula mais tensão e ansiedade. Isso tornou a massagem e outras formas de trabalho corporal (como *reiki* e reflexologia) importantes para estimular e alimentar o corpo.

O trabalho corporal restaura o equilíbrio, mantém uma boa circulação e aumenta a energia. Há vários tipos de trabalho para o corpo, desde massagem regular a tratamentos com óleo quente e bandagens de ervas. Experimente um deles e veja qual lhe convém mais. Você pode tentar um desses:

Massagem sueca	*Acupuntura*
Shiatsu	*Bandagens de ervas*
Reiki	*Reflexologia*

Se nunca experimentou um trabalho corporal, não deixe que medos desconhecidos impeçam que você tente essa maravilhosa forma de autotratamento. Alguns clientes já me confidenciaram que não se sentiriam à vontade se tivessem que se despir durante o trabalho corporal. Mas o cuidado máximo com você significa que é você quem comanda a situação. Decida o que é importante para a sua segurança. Avise ao massagista ou terapeuta que você prefere ficar de roupa de ginástica, ou comece tentando um dos tratamentos que são feitos com roupa, como reflexologia do pé.

No início, faça algum tipo de trabalho corporal pelo menos uma vez por mês. Com o tempo, quando sentir o poderoso efeito na sua saúde, você vai querer, com certeza, aumentar a freqüência. Seu corpo merece ser bem cuidado. Trabalho corporal não é mais um luxo, é um padrão. Comece um tratamento ainda hoje!

Durma uma boa noite de sono. Uma boa noite de sono é um alimento tão essencial quanto comida, água e exercício. Mais de 30 por cento dos meus clientes tinham problemas para dormir, o que resultava em depressão, doenças ligadas a imunidade, baixa energia e fadiga. O sono é uma fonte-chave de alimento para o corpo, e muitas vezes nós só nos preocupamos com isso quando surge um problema. Sem um sono regular e profundo é impossível gozar a vida por completo.

Você acorda sentindo-se renovado e descansado? Seu quarto é um lugar adequado para se dormir? O que você precisa para ter uma boa noite de sono? Além de um colchão de boa qualidade e travesseiros certos, que todos nós sabemos que são essenciais para um bom sono, há outras coisas a serem consideradas.

Qual é a qualidade de ar do seu quarto? Se você acorda espirrando, tossindo, com a cabeça doída, nariz entupido, olhos vermelhos e inchados, talvez a qualidade do ar do seu quarto não esteja boa, e seu sono não será profundo. Tente usar um filtro de ar. Desligue todos os aparelhos elétricos que estiverem em tomadas a menos de um metro da sua cama para reduzir o campo elétrico de radiação eletromagnética. Isso pode causar dor de cabeça e tonteira.

Torne seu quarto um santuário. Mantenha-o limpo, sem poeira e decorado de forma que transmita paz e tranqüilidade. Vá para a cama quando estiver com sono. Não veja televisão nem faça trabalho algum na cama. Alimente seu corpo com a calma, o silêncio e o descanso.

Se você tiver dificuldade de pegar no sono, faça alguma coisa para relaxar antes de ir para a cama: tome um banho quente, ouça música com os olhos fechados, converse com alguém de que você goste, ou leia. Desligue a cabeça. Se não dormir logo porque está com mil e uma preocupações, use as fitas de relaxamento. Se precisar, consulte um especialista em sono. Vale a pena investir nisso. Recarregue seu corpo com um bom sono – sua saúde e sua vida dependem dele.

Respire fundo. Finalmente, não se esqueça do combustível mais importante do corpo: a respiração. A maioria das pessoas, especialmente quem tem uma vida muito ocupada, está habituada a respirar só pela parte superior do peito. Mas o seu corpo precisa de uma respiração profunda para oxigenar o sangue e aumentar a energia. O simples ato de respirar fundo vai fazer você se sentir imediatamente mais vivo e relaxado.

Pare agora e respire fundo para que o estômago se movimente para fora. Faça isso três a quatro vezes. Respire pelo nariz, conte até quatro na inspiração, prenda o ar contando até oito, depois expire pelo nariz lentamente contando até dois. Note como você vai se sentir. Respirar fundo é um ótimo exercício para se fazer no carro, esperando o sinal abrir, na mesa de trabalho ou logo antes de dormir.

ENTRE EM AÇÃO! ALIMENTE SUA CABEÇA

Como o seu corpo, sua cabeça também precisa ser alimentada. Ler bons livros, participar de conversas interessantes e aprender alguma coisa nova são boas formas de alimentar a cabeça, mas o combustível mais poderoso de todos são os seus pensamentos.

Durante décadas centenas de livros foram escritos sobre o poder que o pensamento tem para criar a realidade física. O pensamento torna-se intenção, e essa intenção tem poder. Quando você põe essa intenção para fora, sua vida começa a mudar – às vezes completamente. Essa é uma lei metafísica básica.

Eu sempre me interessei por autores que tinham uma convicção espiritual profunda de que nossa vida podia ser transformada pela qualidade de nossos pensamentos. Eu me interessava em especial pelas ferramentas práticas que eles ofereciam para criar essa transformação pessoal.

Faça uma lista de desejos. Uma das primeiras ferramentas que eu tentei foi estabelecer metas simples por escrito e rever essas metas regularmente para manter os pensamentos vivos dentro da minha cabeça. Sempre cética, eu queria ver se isso realmente funcionava. Comecei com uma lista pequena de desejos, que incluía um computador com as especificações exatas e meu software preferido (eu tinha lido que era importante ser o mais específica possível ao estabelecer as metas), uma viagem de graça e a eliminação da minha dívida. Preparei essa lista em outubro e coloquei-a na frente do meu caderno de anotações, sabendo que iria olhá-la várias vezes por dia.

Dois meses depois, recebi um presente de Natal de um cliente. Em vez de um presente em dinheiro, ele disse que queria me dar uma coisa que "uma escritora pudesse realmente usar". Quando abri a caixa, meu queixo caiu, e eu fiquei parada olhando para o exato computador que estava na minha lista. Um mês depois uma amiga me telefonou para dizer que tinha ganho um concurso no trabalho. O prêmio era uma viagem com todas as despesas pagas para duas pessoas em um dos melhores hotéis dos Estados Unidos, e ela queria saber se eu gostaria de ser sua acompanhante. Fiquei em estado de choque mais uma vez. Colocar meus pensamentos no papel e manter a intenção de revê-los todo dia criou um estado de atração que levou essas metas para a minha vida. Coincidência ou não, tudo isso provava que eu precisava começar a levar mais a sério o poder de alimentar intencionalmente minha cabeça com certos pensamentos. Não é preciso dizer que eu comecei uma outra lista.

Tente fazer isso. Pare um instante e pense em três coisas que você gostaria de atrair e escreva-as no seu diário. Não se esqueça das especificações. Se você quiser ter mais dinheiro, escreva a quantia exata e inclua um sinal "+" depois (nunca se sabe, talvez você até receba mais). Se quiser um apartamento novo, descreva o lugar ideal.

Agora escreva esses três itens em um cartão e guarde-o. Leia o seu desejo ao longo do dia e imagine-se tendo conseguido essas coisas. Não se prenda muito aos resultados, basta lembrar-se deles. Se tiver medo de limitar-se por especificar demais seu desejo ou se tiver medo de haver alguma coisa melhor na qual você não pensou, faça simplesmente uma prece pedindo que isso ou alguma coisa melhor entre na sua vida.

Preste atenção ao que acontece. Meus clientes em geral se espantam com os resultados. Um cliente, Robert, fez uma lista que incluía um emprego com salário mais alto e um bom relacionamento. Oito meses depois, quando estava de férias com amigos no Caribe, conheceu uma mulher que por coincidência morava a duas horas da sua cidade, em um estado próximo. No ano seguinte eles começaram a namorar, se apaixonaram, compraram uma casa na cidade dela e ele foi trabalhar em outro lugar com um salário mais alto.

Crie um mapa do tesouro. O mapa do tesouro é outra ótima forma de manter sua cabeça alimentada com o que é realmente importante. Em 1948, Robert Collier, no seu livro *The Secret of the Ages* (O Segredo das Idades), introduziu o conceito de criar um "mapa do tesouro" para visualizar as coisas que a gente gostaria de ter na vida. O mapa do tesouro é uma colagem de imagens visuais que podem refletir os itens na sua lista de "sim absoluto". Por exemplo, se sua saúde física for uma prioridade, você pode incluir imagens de equipamentos de ginástica, esportes ao ar livre, patins ou bicicleta. Se sua prioridade for divertimento e aventura, use imagens de um lugar que você gostaria de visitar ou de aventuras que gostaria de fazer, como canoagem em corredeiras ou alpinismo. Você pode também incluir metas materiais (um carro ou eletrodoméstico novo) e metas de relacionamento.

Esse mapa do tesouro, guardado em um lugar onde possa ser visto todo dia, enviará uma mensagem clara para seu subconsciente e para o universo de suas intenções. O poder magnético de manter essas intenções em mente, sugere Collier, atrairá o que você mais deseja na vida.

Suas imagens devem incluir metas para sua vida total: saúde, trabalho, relacionamentos, diversão e metas financeiras. Criar um mapa do tesouro é um grande projeto para você e seu parceiro ou grupo de treinamento. Faça uma reunião sobre o mapa do tesouro e peça que cada membro leve os seguintes suprimentos: um pedaço grande de isopor, tesoura, vários catálogos e revistas, cola e marcadores de cor. Comece cortando figuras de coisas que você gostaria de atrair para sua vida. Depois, cole essas imagens no isopor de uma forma que lhe agrade. Finalmente, acrescente quaisquer afirmações, palavras ou ditados especiais que o inspirem.

Quando criar seu mapa do tesouro, lembre sempre de usar o sinal "+" ou as palavras "ou mais" para qualquer quantia que reflita suas metas de ganhos e poupança. Por exemplo, se quiser ter cinqüenta mil reais de renda, ponha o seguinte no seu mapa do tesouro: R$50.000+. Nunca se sabe o que poderá estar reservado para você. Meu cliente Russell ficou surpreso quando encontrou um cheque de bonificação do seu empregador na caixa do correio no meio do verão. A empresa tinha tido um ano especialmente bom e decidiu surpreender os empregados dividindo os lucros. Russell tinha colocado no seu mapa do tesouro uma meta de poupança de R$1.000+ para o ano e ficou satisfeito quando recebeu o cheque de R$1.500.

Use palavras criativas. Ponha a palavra "grátis" em frente de cada palavra ou figura. Por exemplo, se você usar a palavra "viagem" ou "aluguel", acrescente "grátis" — viagem grátis, aluguel grátis. Quando minha cliente Sandy criou seu mapa do tesouro com um grupo de amigos, incluiu um "apartamento grátis", pois sabia que precisava se mudar no final do ano. Dois meses depois, um amigo de infância lhe ofereceu um dos seus apartamentos. Ela não teria de pagar aluguel, o que ele pedia em troca era que ela cuidasse ocasionalmente de seus sogros idosos que moravam na mesma cidade. Isso significava que sua moradia seria grátis!

Tenha pensamentos positivos. Se o pensamento tem o poder de criar realidade, então para criar uma vida maravilhosa é preciso alimentar a cabeça com pensamentos positivos. Aprender a elevar o nível do pensamento é um processo longo, que exige paciência e prática. Usando algumas ferramentas específicas, você pode começar a influenciar seu pensamento de forma gradual e positiva.

Preste atenção ao que diz a você mesmo. Todos os clientes com os quais eu trabalho têm a tendência de ser duros com eles mesmos. A conversa negativa com seu "eu" interior é debilitante e sem qualquer valor. Se você se pegar pensando em coisas como "Eu não posso ter o que realmente desejo" ou "Eu nunca faço nada certo", substitua imediatamente esses pensamentos por declarações positivas. Por exemplo, a afirmação "Eu me aceito profundamente" é uma mensagem poderosa para você se passar. A maioria dos pensamentos negativos gira em torno de uma incapacidade de aceitar suas imperfeições humanas. Essa declaração de auto-aceitação pode mudar o campo de energia do corpo para um estado de equilíbrio que melhora o funcionamento imunológico.

Crie seu próprio mantra de auto-amor. Que declaração você gostaria de fazer para uma pessoa que amasse profundamente e que fosse exigente demais com ela mesma? Escreva a frase no seu diário ou caderno de anotações.

Cada vez que você tiver idéias negativas, substitua imediatamente por esse novo mantra. Ele não só servirá de lembrete para que seja mais condescendente com você como também poderá melhorar sua saúde física.

Habitue-se a uma leitura inspiradora para manter a cabeça focalizada em pensamentos saudáveis e positivos. Há muitos livros cheios de material inspirador para elevar seus pensamentos e seu espírito. Procure um que lhe agrade, ponha-o na sua mesa de trabalho, no carro, na mesa-de-cabeceira e leia uma página por dia.

Espalhe mensagens positivas em casa e no trabalho. Palavras como "fé", "alegria" e "amor" podem ter um poderoso efeito subliminar. Pegue uma ou duas palavras ou frases curtas, escreva-as em letras grandes numa folha de papel e coloque-as junto de você. Mais uma vez, devem ser textos simples. Não exagere. Concentre-se em uma palavra por semana, depois mude a palavra. Ou, então, use uma frase interessante para reforçar um desejo. Algumas das frases que eu recomendei para meus clientes foram: "Seja você, não tenha medo da vida", "Eu tenho direito a abundância" e "O que eu desejo é possível". Enchendo a cabeça com bons pensamento, você terá a recompensa que merece.

Livre-se de coisas que não prestam. Preste bem atenção ao que entra na sua cabeça. Faça uma escolha consciente dos jornais e revistas que vai ler. Pesquisas científicas sugerem que imagens negativas baixam realmente o sistema imunológico do corpo. Aposto como você já sentiu náuseas diante de uma imagem de violência ou de uma história de crime ou tragédia. Se sentiu isso, sabe que sua saúde emocional e física foi afetada. À medida que você se liga mais aos seus sentimentos, precisa proteger-se desses combustíveis negativos. Pare de alimentar a cabeça com o noticiário da noite antes de ir para a cama. Use combustível prêmio. Lembre-se de que depois do pensamento vem a intenção, e da intenção surge o poder – o poder de criar a vida completa, saudável e feliz.

ENTRE EM AÇÃO! ALIMENTE SEU ESPÍRITO

Alimente seu espírito, e sua vida terá uma qualidade mágica que poderá preencher todos os seus momentos com alegria. Embora eu tenha dedicado um capítulo inteiro ao bem-estar espiritual, gostaria de falar aqui sobre alguns métodos para reacender e rejuvenescer o espírito, que em geral é relegado a segundo plano na confusão e correria da vida.

Ouça sua música favorita. Redescubra uma antiga canção da sua juventude. Pare e pense nos anos da sua adolescência, quando você estava no colégio, na faculdade ou mais adiante. Que tipo de música você ouvia? Quais eram suas músicas e cantores favoritos? Aposto como você já teve a experiência de ligar o rádio e de repente voltar no tempo ao ouvir uma melodia que adorava. A música pode mudar seu estado de espírito de um instante para o outro. É um alimento poderoso, capaz de fazer você se sentir bem. Volte ao passado e resgate as músicas que lhe deixavam alegre, de alto astral. Pare, lembre de cinco canções ou intérpretes favoritos e escreva os nomes no seu diário ou caderno de anotações.

Ouvir música pode lhe dar uma inspiração imediata e fazer com que você tenha boas lembranças do passado. A música pode ser uma força emocional poderosa, capaz de fazer você se sentir forte e feliz. Reserve uma hora para ir a uma loja de discos procurar essas canções. Meu cliente Jonathan selecionou suas canções favoritas e fez um CD para ouvir no carro. Sempre que está deprimido, frustrado ou aborrecido por alguma razão, ele ouve o CD e muda de humor imediatamente.

Eleve seu espírito rindo. Junte-se com amigos que fazem você rir, leia um livro engraçado ou veja uma comédia. Dê-se ao luxo de soltar uma boa e sonora gargalhada sempre que estiver se divertindo. A risada é um poderoso agente de cura. Pare de levar a vida tão a sério. Ria um pouco! Se precisar de ajuda para começar, alugue uma comédia. Pense nisso como uma "terapia do riso". Faça essa terapia pelo menos uma vez por semana.

Tenha uma boa crise de choro. Pode parecer uma forma estranha de alimentar seu espírito, mas uma boa crise de choro às vezes é muito importante. Soltar as emoções pode ajudar a retirar as energias que evitam que seu espírito sinta alegria plena. Minha cliente Allison explica que muitas vezes sua irritação só passa quando ela se tranca no quarto, deita na cama e chora até se acalmar. Diz que isso lava sua alma.

Há um provérbio que diz que a boa gargalhada vive do outro lado do bom choro. Chorar ajuda a limpar a cabeça, a reenergizar o corpo e a rejuvenescer o espírito. Muita gente acha difícil chorar. Um filme triste e emocionante pode ajudar você a soltar o choro contido.

Mas também há outras formas de liberar suas emoções e seu espírito. Meu cliente Josh dizia que não conseguia chorar de forma alguma, mas descobriu que jogar futebol era uma forma eficaz de expressar suas emoções e alimentar seu espírito. Sempre que ele se sentia aflito, ia para um campo de futebol e ficava correndo e chutando a bola até ficar com as pernas doloridas. Quando terminava, sentia-se mais leve.

Seja extravagante. Alimente seu espírito fazendo alguma extravagância. Ligue para a floricultura e mande um arranjo de flores maravilhoso para você! Cuide de você como se fosse a pessoa mais atraente, gentil, sexy e engraçada que já conheceu. Compre um jogo de lençóis de seda para sua cama. Vá jantar num restaurante, faça de conta que é seu aniversário e deixe o garçom aparecer com um bolo e cantar parabéns para você!

Tente fazer alguma coisa que você nunca tenha feito antes. Aprenda a dançar tango, ou escreva um conto. Arrisque-se a pintar seu quarto com cores fortes, como vermelho ou roxo. Corte o cabelo, faça uma tintura completamente diferente e veja como se sente diferente assim. Seu espírito precisa desse tipo de combustível. Acima de tudo, saia do padrão "convencional" de comportamento e viva de forma extravagante.

Faça uma coisa que você sempre quis fazer. Nós todos guardamos segredo de coisas que adoraríamos fazer, pretendemos fazer ou temos medo de fazer. Às vezes nossa vida ocupada nos atrapalha. Outras vezes parece mais fácil manter esses desejos ocultos em banho-maria. Consulte seu coração e busque as coisas que você sempre quis fazer. Para ajudar a descobrir seus desejos não realizados, solte sua imaginação, não se reprima com preocupações práticas, pegue seu diário e responda às perguntas abaixo:

- Há algum lugar aonde você sempre quis ir? Que lugar é esse?
- Há pessoas com quem você gostaria de passar mais tempo? Quem são elas?
- Há algum hobby que você gostaria de ter ou ao qual gostaria de dedicar mais tempo? Qual?
- Se tivesse um dia livre para fazer qualquer coisa que desejasse, o que você faria?
- Há algum livro que você gostaria de ler? Qual?
- Há um esporte ou atividade física que você gostaria de experimentar (mesmo que lhe dê um certo medo?) Qual?
- Há alguma aula ou workshop em que você gostaria de se matricular? Qual?
- Você gostaria de conhecer uma cultura? Qual? Como faria isso?

- Há um novo setor na sua carreira que você gostaria de explorar? Qual? Como começaria isso?
- O que mais você sempre quis fazer?

As próximas perguntas importantes são: Quando você vai fazer essas coisas? O que está esperando? Escolha uma dessas opções e entre em ação nas próximas vinte e quatro horas. Pode ser uma pequena ação – um primeiro passo para realizar esse desejo –, mas qualquer movimento nesse sentido vale a pena. Alimente seu espírito e deixe-o voar!

SUBSTITUA O ANTIGO PELO NOVO

Agora que você aprendeu algumas formas saudáveis de alimentar seu corpo, sua cabeça e seu espírito, comece a substituir as fontes antigas de energia que não lhe servem mais por fontes novas. Muitas fontes de energia alimentarão e protegerão sua saúde. Em vez de ver violência e drama no noticiário da noite, assista a uma comédia no vídeo, vá para a cama cedo e descanse um pouco mais. Pare de trabalhar no horário de almoço, saia e caminhe ao ar livre. Você vai achar mais fácil livrar-se dos combustíveis que não prestam, acrescentando mais variedade de combustível prêmio.

Seja paciente com você. Não se censure se tiver uma recaída e voltar a usar as fontes de energia antigas. Os novos comportamentos levam tempo para se consolidarem. A meta é um processo. Por isso, quando você perceber que saiu da trilha, volte e siga em frente. Ser exigente demais irá perpetuar um círculo vicioso que certamente fará você errar.

Você merece alimentar-se com o melhor. Goze a vida plenamente, usando combustível prêmio. No capítulo seguinte, eu mostrarei como abastecer sua vida com uma das melhores fontes de energia – relacionamentos espirituais.

6

CRIE UMA COMUNIDADE ESPIRITUAL

CARLA CHEGOU À NOSSA SESSÃO de treinamento muito perturbada. Na noite anterior, ela tinha assistido a um filme sobre uma família africana que lutava para se manter unida apesar das dificuldades que enfrentava. Mesmo diante de uma série de desafios, como morte, infidelidade e rivalidade entre irmãos, a "ligação espiritual" fez com que a família não se desintegrasse.

Carla ficou muito emocionada com o filme porque raramente via sua família. O pai tinha morrido três anos atrás, e a mãe e os irmãos viviam em outros estados. O filme trouxe à tona a falta de relações mais fortes na sua própria vida. Ela tinha colegas de trabalho e algumas amigas mais próximas, mas todos tinham uma vida agitada e nunca conseguiam passar um bom tempo juntos. Carla queria muito fazer parte de um grupo que tivesse o mesmo tipo de amor, compromisso e ligação espiritual que ela havia visto no filme.

Carla é como todas as outras pessoas com quem eu trabalhei. Todas anseiam por esse tipo de ligação – um sentimento espiritual que lhes dê a sensação de união e proximidade. Na privacidade das sessões de treinamento, elas expressam o desejo de serem vistas e ouvidas pelos outros, e querem saber o quanto são importantes e se alguém está do seu lado. O treinador pessoal vem se tornando popular porque preenche parte dessa importante necessidade de ligação.

Eu sugeri que Carla praticasse o cuidado máximo consigo mesma e que "escolhesse sua própria família". Ao eleger as pessoas com quem gostaria de ter mais intimidade e ao investir seu tempo e energia nesses relacionamentos, ela poderia ter o tipo de ligação que tanto desejava.

Carla concordou, e nós criamos um plano. Ela convidou três amigas mais íntimas a participar de um jantar mensal. Todo mês uma amiga convidaria as outras para jantar na sua casa e cada uma levaria um prato. Durante as refeições, Carla escolheria uma forma divertida e criativa de aprofundar o relacionamento entre elas e tornar a noite especial.

No primeiro jantar, sugeriu um jogo da verdade para estimular o grupo a se conhecer melhor. Suas amigas aprovaram a idéia e se divertiram muito. No jantar seguinte, Carla levou vários papeizinhos com perguntas começando com "se" e colocou-os num pote. Terminado o jantar, cada uma delas tirou uma pergunta para responder.

Esses jogos simples fizeram com que a conversa passasse de um nível superficial a um nível mais profundo e pessoal, aproximando-as. A decisão de criar um grupo espiritual valeu a pena. As quatro amigas passaram a considerar aqueles jantares sagrados e raramente faltavam.

Há uma ânsia crescente por ter um círculo forte de amizades, e essa angústia origina-se de vários fatores. Na era da informação, podemos nos comunicar por e-mail, diminuindo cada vez mais o contato físico. O local de trabalho, que tradicionalmente dava um senso grupal a milhões de pessoas, está mudando. À medida que as demissões e os remanejamentos das empresas continuam, os empregados são motivados a procurar segurança profissional de outras formas. A empresa própria, a terceirização e o trabalho informal estão transformando os lares em escritórios, embaralhando os limites entre trabalho e família. Além disso, quem continua empregado em grandes empresas trabalha um número maior de horas. Isso faz com que as pessoas não tenham tempo para se dedicar às outras.

A vida é curta demais. Nossa vida é enriquecida através das ligações que temos com os outros. Quando chegar ao final da vida, o que realmente terá importância para você? Vai querer que os outros se lembrem de você por causa do dinheiro que ganhou? Ou do sucesso que teve na carreira? É claro que não. Você vai querer é que os outros saibam quanto você os amou e como aproveitou a oportunidade de dividir a vida com eles. O amor e a ligação com as pessoas que considera queridas serão a prova de que sua vida valeu a pena.

Pare um instante e tente lembrar de momentos especiais da sua vida. Quando essas lembranças vierem à cabeça, preste atenção se estão ligadas a pessoas de que você gosta. Possivelmente sim. São as pessoas importantes da nossa vida que tornam os bons momentos melhores e os momentos difíceis mais fáceis. Elas enriquecem nossas experiências, compartilham nossos sonhos e juntam os fios da meada que formam nossas histórias pessoais. As pessoas, e nossa relação com elas, são o que realmente fazem de nossa vida um todo.

Infelizmente, em razão de horários apertados e obrigações diárias, passamos grande parte do tempo nos relacionando com os outros em um nível superficial. Essa vida agitada nos mantém desligados dos outros (mesmo daqueles que moram conosco) e nós perdemos oportunidades de experimentar uma ligação espiritual. "Espiritual" aqui significa o tipo de ligação que toca seu coração e faz com que você considere a amizade ou o amor de alguém como uma dádiva. Eu aposto que você já experimentou isso, já ficou com os olhos marejados ou sorriu para você mesmo depois de um telefonema de uma pessoa especial. É a falta desse sentimento que faz com que, hoje em dia, não se dê valor aos relacionamentos. Não se pode sentir falta de uma coisa que não se tem. Quando experimentamos o calor e a alegria de uma ligação mais profunda com os outros, o desejo de fazer parte de um grupo passa a ser uma prioridade.

A comunidade faz de nós um todo. O grupo nos cura, nos desafia a ser autênticos e, mais importante ainda, nos ensina a amar – a nós mesmos e aos outros. Os elementos do nosso grupo ou comunidade nos ajudam a superar o medo e a ver a verdade acima de tudo, e nos dão a segurança necessária para podermos crescer e evoluir. Todo mundo anseia por isso. Em geral, essa ânsia é mantida em segredo, como se fosse vergonhoso querer e precisar de amor.

Se você anseia por relações mais profundas com os outros, entregue-se a esse desejo por completo. Um círculo de amizade, amor e apoio é essencial para uma vida feliz. Muitas pessoas se esquivam de assumir um papel ativo na formação de um grupo. Acham que isso deve ocorrer "naturalmente". Não se esqueça de que a escolha é sua: você pode passar o tempo com conversas superficiais e agradáveis, ou pode ter conversas significativas, amigos dignos de confiança e relacionamentos enriquecedores. O esforço compensa.

Eu gostaria de ajudar você a formar um grupo espiritual. Mas, antes, vejamos o que é um relacionamento de qualidade. Quando você entra em ação para viver a vida que deseja, passa a se interessar mais pela qualidade de seus relacionamentos do que pela quantidade. Com isso, torna-se menos tolerante com relacionamentos que esgotam sua energia e passa a procurar pessoas capazes de lhe dar apoio e inspiração. O seu desafio, lógico, é corresponder, dando o melhor de você.

À medida que for mudando sua vida, você irá se colocar naturalmente em uma categoria diferente – a das pessoas que se comprometem a fazer o que for necessário para construir a vida que desejam. Isso pode perturbar aqueles que se sentem fora dessa categoria. Mas é extremamente importante ter um grupo de apoio enquanto você muda sua vida para melhor.

Às vezes a gente sofre quando percebe que perdeu uma amizade. Jack, dono de uma firma de paisagismo, costuma trabalhar ao ar livre durante o verão e tirar férias nos meses de inverno. Ele abriu esse negócio como parte do plano de melhorar sua qualidade de vida: queria justamente poder viajar e relaxar seis meses por ano.

Quando sua firma começou a fazer sucesso, Jack notou que alguns amigos passaram a implicar com seu modo de vida. Diziam que ele era "preguiçoso" e que "não queria nada com o trabalho". Jack ficou triste e tentou conversar com os amigos, mostrando seu desapontamento e frustração. Não adiantou nada. Sem entender por que os amigos não aceitavam seu sucesso, ele começou a se afastar deles.

Embora sua família e seus amigos amem você, eles receiam que você mude demais e se afaste deles. Isso pode resultar em observações irônicas, implicâncias, frieza, ou até mesmo grosserias. Prepare-se!

O que torna o relacionamento bom? Como você sabe se vale a pena investir numa relação? Para responder a essas perguntas, vamos dar uma olhada nos relacionamentos que consomem suas energias e naqueles que alimentam você.

RELACIONAMENTOS QUE DESGASTAM VOCÊ

Alguns relacionamentos minam suas forças, de forma óbvia ou sutil. Vários tipos de pessoas podem exaurir sua energia ou fazer você se desviar do caminho de cuidado máximo com sua vida. São os seguintes:

O acusador. Aquele que culpa você e o resto do mundo pelos seus problemas. Em vez de assumir a responsabilidade pela vida dele, este tipo prefere colocar a culpa nos outros.

O queixoso. Aquele que vive se queixando das coisas erradas da vida, mas não faz nada para melhorar a situação. Enquanto você se desgasta com tanta reclamação, ele encontra energia nessas queixas e joga suas frustrações em cima de você.

O sanguessuga. Aquele que telefona para pedir orientação, apoio, informação, conselho ou qualquer coisa de que precise para se sentir melhor no momento. Em razão da carência, a conversa sempre gira em torno dele e você fica com a sensação de que desapareceu do mapa.

O crítico. Aquele que pode ser prejudicial à sua saúde. Ele interrompe a conversa, critica suas idéias e faz pouco de você na frente dos outros. Em geral, ele tenta convencer você de que as críticas são para o seu bem. Este tipo faz você questionar sua própria sanidade mental.

O "do contra". Aquele que discorda de tudo que você diz, tem sempre que estar certo e não aceita nenhuma outra opinião. É desgastante conversar com um tipo "do contra", pois você acaba desistindo de falar e resolve só ouvir.

O fofoqueiro. Aquele que evita a intimidade falando dos outros pelas costas. O fofoqueiro busca energia contando histórias, opiniões e as últimas "novidades". Ao falar dos outros, cria insegurança nos seus relacionamentos, mesmo que não perceba isso. Afinal de contas, se ele fala de outra pessoa, falará de você também.

Quando muda seu padrão de vida e dá um basta a esses tipos de relacionamento, você começa a procurar pessoas que acrescentem qualidade à sua vida. Vamos analisar as relações que funcionam como um combustível prêmio.

RELACIONAMENTOS QUE ALIMENTAM VOCÊ

O positivo. Aquele que se encontra no caminho do desenvolvimento pessoal e age para mudar a vida dele, contribuindo com a atitude positiva para que você também entre em ação para melhorar a sua.

O apreciador. Aquele que aprecia e valoriza a relação que tem com você, e também seus dons, talentos e força.

O comunicativo. Aquele que tem uma comunicação respeitosa e não-defensiva, um tipo de comunicação que torna o relacionamento íntimo e não distante.

O atento. Aquele que presta atenção ao que você diz, não faz julgamentos e se preocupa com o que você precisa para sentir segurança no relacionamento.

O honesto. Aquele que é comprometido com a integridade e a verdade.

O confiável. Aquele que assume completa responsabilidade pelo que faz ou deixa de fazer no relacionamento e que se dispõe sempre a crescer.

ENTRE EM AÇÃO!

TESTE A QUALIDADE DOS SEUS RELACIONAMENTOS

Como as ligações espirituais exigem um investimento de tempo e energia, é preciso escolher bem as pessoas com quem você se relaciona. Para determinar se uma relação desgasta ou alimenta você, confie na comunicação com sua sabedoria interior, que sempre lhe mostra a direção certa. Para testar isso, escolha algum parente ou amigo e, enquanto pensa nessa pessoa, pergunte-se o seguinte:

Eu consigo agir naturalmente com essa pessoa? Eu me sinto aceito?
Ela faz críticas e julgamentos sobre mim?
Esse relacionamento cria uma troca de energia equilibrada?
Eu me sinto otimista e com energia quando estou com essa pessoa ou sem ânimo?
Essa pessoa tem os mesmos valores que eu? O mesmo nível de integridade?
Essa pessoa leva a sério o nosso relacionamento?
Essa pessoa fica feliz com o meu sucesso?
Eu me sinto bem comigo mesmo quando estou com essa pessoa?

Num mundo ideal, nossos relacionamentos deveriam ser com pessoas que gostassem de nós, nos desafiassem a dar o melhor de nós mesmos e que tentassem sempre tornar o convívio melhor. É preferível canalizar seu tempo e energia para relações mais profundas com poucas pessoas a ter muitos relacionamentos superficiais. Escolha suas companhias com cuidado. Quando você resolve criar ligações espirituais, aprende rápido que a riqueza está na profundidade. Sua sabedoria interior é que servirá de orientação na hora de escolher os relacionamentos certos.

Para começar a formar um grupo espiritual, eu gostaria que você pensasse um pouco nas pessoas que já participam da sua vida. Isso ajudará a identificar aquelas com quem você gostaria de se relacionar de forma mais íntima.

QUEM FAZ PARTE DA SUA COMUNIDADE?

A comunidade vive e respira à sua volta. Quando pensar nos membros da sua comunidade pessoal – família, amigos, vizinhos e colegas –, considere também as pessoas que você vê regularmente. O garçom do seu restaurante favorito, o porteiro do seu prédio, a moça da padaria, o funcionário do mercado são importantes para você. O massagista, o cabeleireiro, o médico e o dentista com os quais você lida são tipos especiais da sua comunidade, um grupo "de serviço" que atende suas necessidades pessoais e cria um nível de familiaridade e integração, mas que nem sempre é valorizado.

Quando meu cliente Paul se mudou da Califórnia para a Flórida, para ficar mais perto dos pais idosos, ele teve dificuldades de se adaptar ao novo ambiente. Tudo que não valorizava antes – saber qual era o melhor mercado ou lavanderia, arranjar um bombeiro ou dentista de confiança – tornou-se de repente importante e ele se sentiu inseguro. As tarefas mais simples, como ir ao correio, comprovavam que ele era um estranho naquela cidade. Só então Paul percebeu que nunca dera o devido valor aos rostos sorridentes da comunidade onde tinha morado.

Eu listei adiante diversas categorias para ajudar você a analisar as pessoas de sua comunidade. Fique à vontade para adaptar as categorias às suas necessidades. Pegue seu diário e liste os indivíduos de cada categoria.

ENTRE EM AÇÃO!

FAÇA O LEVANTAMENTO DE SUA COMUNIDADE

- Família ou família "adotada"
- As crianças com as quais eu gosto de estar
- Os amigos íntimos com os quais eu divido meu coração e minha alma
- Grupo espiritual
- Colegas de trabalho
- Conhecidos
- Comunidade local/ Prestadores de serviço.

E os seus parentes mais distantes? Você gostaria de passar mais tempo com os membros dessa grande família? Talvez você queira conhecer suas raízes antes que seja tarde demais. Sua família pode ter uma história rica e valiosa para lhe oferecer. Rememorar acontecimentos familiares é importante em uma ligação espiritual. Quem você gostaria de conhecer melhor? Seus tios e tias, primos, avós, tios-avós?

Quando você ler os nomes das pessoas da sua comunidade, pergunte-se o seguinte:

Eu tenho mais relacionamentos numa área do que em outra? Por quê?
Há pessoas da minha comunidade com as quais eu gostaria de me ligar mais intimamente?
Quem está faltando?
Há algum relacionamento de que eu gostaria de participar mais?
Há alguém que eu gostaria que voltasse a fazer parte da minha vida?
Há alguém que eu devia tirar da lista?

O QUE ESTÁ DETENDO VOCÊ?

Agora que você se preparou para aumentar sua comunidade, vamos parar um pouco para ver os obstáculos que podem surgir. Ao longo dos anos, eu ouvi muitas histórias sobre solidão e frustração. As pessoas acham difícil iniciar um novo relacionamento. Vamos ver as principais razões alegadas:

Não consigo vencer minha timidez.
Eu não tenho certeza se quero conhecer novas pessoas.
Eu não sei como fazer para conhecer novas pessoas.
Eu tenho vergonha de querer ter novos amigos.
Eu trabalho demais e não tenho tempo.
Construir um bom relacionamento é um processo muito demorado.
Eu estou velho demais para isso.

Minha cliente Bonnie queria muito ter mais amigas, e nós passamos um mês desenvolvendo um plano de ação para que isso acontecesse. Toda semana, durante as sessões de treinamento, Bonnie dizia que não tinha feito muito progresso, que não conseguia agir segundo o plano. Quando eu perguntei o que a impedia de fazer novas amigas, ela explicou: "Aos 48 anos, eu não devia estar querendo fazer novas amizades. A maioria das pessoas já tem seus amigos estabelecidos e eu me sinto uma boba. Tenho medo de que as pessoas pensem que há alguma coisa errada comigo." Bonnie se sentia muito exposta: "E se ninguém corresponder às minhas tentativas? Eu detesto me sentir desapontada e não quero ser rejeitada."

A última razão é, em geral, a fonte do problema. É realmente arriscado se aproximar dos outros. Por isso, para muita gente é difícil até mesmo admitir que seria bom fazer novas amizades, independente da idade. Mas como a maioria das pessoas tem vontade de se ligar aos outros, eu posso assegurar que as probabilidades estão a seu favor. Vale a pena correr o risco e tentar. Afinal de contas, o que você tem a perder? Dá para imaginar uma vida sem ligações espirituais?

CRIANDO UMA COMUNIDADE

Para criar uma comunidade espiritual, você deve seguir um plano deliberado para trazer certas pessoas para dentro da sua vida. Primeiro você deve decidir que tipo de pessoa gostaria de conhecer (amigo, companheiro, colega), depois deve agir de forma que atinja seu objetivo. Sei que posso parecer meio calculista, mas a verdade é que, para acrescentar novas pessoas à sua comunidade, é preciso compromisso e ação.

Quando eu sugiro um passo-a-passo para meus clientes, eles ficam sem graça de início. Embora a estratégia para conhecer pessoas seja a mesma que para criar uma coisa, quando se trata de gente o assunto é sempre delicado e tenso. Quando eu falo para grupos grandes sobre estabelecer novos relacionamentos, peço que os interessados em conhecer outras pessoas levantem a mão. Em geral, pelo menos 95 por cento da platéia erguem a mão. Por isso, lembre-se de que a maioria das pessoas está aberta, disposta e muito interessada em fazer novas amizades. E é provável que elas se sintam tão sem jeito quanto você.

Criar relacionamentos é um processo gradual e é preciso acreditar que vai dar certo. Se você seguir as três etapas apresentadas abaixo, certamente encontrará pessoas parecidas com você e igualmente ansiosas por conhecer gente nova.

1. Decida quem você quer conhecer
2. Descreva o perfil do seus candidatos
3. Avise aos outros o que você deseja.

ENTRE EM AÇÃO!
DECIDA QUEM VOCÊ QUER CONHECER

Reveja o levantamento que você fez anteriormente e procure as falhas. Identifique o tipo de relacionamento que você deseja acrescentar à sua vida – está à procura de sua alma gêmea ou quer apenas um parceiro para jogar tênis? Lembre-se de que isto é um plano deliberado para fazer as pessoas entrarem na sua vida. Foco e intenção são os componentes básicos para criar uma comunidade de sucesso. Escreva no seu diário o tipo de relacionamento que você gostaria de ter.

ENTRE EM AÇÃO!
TRACE O PERFIL DO SEU CANDIDATO IDEAL

Eu sei que parece uma espécie de estratégia de marketing, porém quanto mais específico você puder ser com relação ao tipo de pessoa que gostaria de conhecer, mais chances terá de atraí-la. Criar relacionamentos leva tempo. Se já foi a um encontro sem saber quem ia conhecer, você sabe que pode ser um desperdício de tempo e energia sair com alguém que não tem os mesmos valores e interesses que os seus. Por que, então, você não limita seu campo de ação?

Faça uma lista de todas as qualidades que você gostaria que essa pessoa tivesse. Por exemplo, se quiser conhecer um novo amigo, liste os interesses pessoais e intelectuais, hobbies e crenças que gostaria que ele compartilhasse com você. Se estiver à procura do amor da sua vida, liste as características físicas também. Descreva o candidato ideal. Quanto mais detalhado for o perfil, maiores as chances de encontrar alguém que lhe sirva. A "ficha" do seu candidato pode conter as seguintes informações:

Atributos físicos
Disposição emocional
Profissão/finanças
Interesses intelectuais
Hobbies, interesses pessoais
Crenças espirituais

Nos próximos sete dias, reveja sua lista diariamente e acrescente qualquer coisa que lhe venha à cabeça. Tenha calma. Depois de uma semana, você deve ter um bom perfil da pessoa que procura.

Em seguida, peça a alguém bem próximo, que conheça bem seu jeito e seus gostos, para ler a lista e sugerir algumas qualidades que estão faltando.

Depois de completar o perfil, faça algumas perguntas a você: Eu me encaixo nesse perfil? Há qualidades na minha lista que preciso desenvolver para me relacionar com alguém assim? Com freqüência, procuramos pessoas (de forma consciente ou subconsciente) que tenham certas características que nos faltam. Você pode querer alguém que esteja feliz no emprego porque você está infeliz no seu. Ou pode sonhar com alguém que não tenha medo de assumir compromissos porque, de certo modo, isso é um tabu para você. Veja sua lista e anote as áreas que precisam da sua atenção. Depois, comece a se desenvolver. Quanto mais saudável e feliz você for, mais saudável e feliz será esse novo companheiro.

Vejamos o exemplo de perfil de um candidato para a minha cliente Noreen, uma pintora de sucesso, de mais de 50 anos de idade. Quando Noreen reviu seu levantamento sobre comunidades, ficou contente com os relacionamentos que tinha na família e entre os amigos. Só lhe faltava um grande amor. Noreen queria conhecer alguém que dividisse a vida com ela. Eu pedi que ela traçasse o perfil desta pessoa usando o processo das três etapas, e ela fez a seguinte lista:

A alma gêmea ideal de Noreen

Minha alma gêmea deve ter de 45 a 65 anos, mais de um metro e oitenta de altura, cabelos e olhos escuros. Deve ser saudável e estar em boa forma física. Eu gostaria que ele se sentisse bem com ele mesmo, se cuidasse e se vestisse bem.

No campo emocional, deve ter bom equilíbrio e fazer o possível para dar o melhor de si. Deve contribuir para seu crescimento pessoal, lendo, freqüentando workshops e/ou engajando-se em algum tipo de terapia. Deve estar emocionalmente disponível para um relacionamento e animado para ter um compromisso com alguém que ama. Deve gostar de conviver com uma mulher inteligente, independente e de sucesso, que precisa de espaço e privacidade. Ele próprio deve ser independente e gostar de ter um tempo para as suas coisas. Ele deve ter vontade de se casar.

Minha alma gêmea deve ser católica praticante. Deve interessar-se em dividir sua fé espiritual com uma parceira e ter respeito e interesse pelo crescimento espiritual dela.

Também deve gostar de viver ao ar livre, de fazer longas caminhadas, de ir à praia e de dividir seus hobbies e interesses com a pessoa amada. Deve ler muito, ter curiosidade a respeito da vida e gostar de viajar.

No campo profissional, deve ser competente e honesto, trabalhar naquilo que gosta e ter segurança financeira. Deve ser conservador com relação aos seus hábitos de dinheiro, porém generoso com os outros.

Como você pode ver, Noreen criou um parceiro "ideal". Algumas pessoas podem dizer que ela está procurando um homem perfeito. Eu digo que se você for usar seu tempo, energia e, mais importante que tudo, sua intenção e coração para encontrar uma pessoa com quem dividir sua vida, é bom ser específico e buscar o melhor.

As chances de Noreen encontrar um homem que se encaixe exatamente nesse perfil são escassas. Mas, pensando de forma inteligente sobre o tipo de homem que ela gostaria de ter e escrevendo isso, suas chances de atrair um relacionamento de qualidade aumentam muito. Quando você põe por escrito sua intenção, se compromete com um poder divino que atrai seu desejo.

ENTRE EM AÇÃO!
AVISE AOS OUTROS O QUE VOCÊ DESEJA

Depois de traçar o perfil do candidato, está na hora de mostrá-lo para os outros! Deixe que as pessoas mais íntimas saibam que você está à procura de alguém com essas características. Peça a elas que lhe apresentem os amigos, colegas ou parentes que se aproximem do seu ideal. Além disso, reveja a lista de conhecidos no seu levantamento de comunidade. Há pessoas que se encaixam no que você deseja e só estão esperando um convite para entrar na sua vida? Às vezes, as pessoas que gostaríamos de conhecer estão bem na nossa frente.

Saia de casa. Pense nas pessoas que existem na sua vida e com as quais você gosta de estar. Como as conheceu? Em uma festa, no shopping ou em uma viagem? Quanto mais você se expuser, mais depressa o Universo responderá.

Você tem mais chances de encontrar uma pessoa compatível com você fazendo as coisas de que gosta. Se tem loucura por velejar, por que não entra para um clube de vela? Se gosta de *mountain-biking,* por que não participa de uma corrida local?

Se você está buscando um namorado, reflita sobre a possibilidade de procurar uma agência de encontros séria. Várias clientes e amigas conheceram gente dessa forma. Outras formas de conhecer pessoas são:

- *Cursos para adultos* – Entre para um curso de seu interesse ou inscreva-se num workshop. Pode ser um curso de inglês ou francês para adultos, aulas de meditação, de dança, degustação de vinhos ou culinária. Verifique também os cursos de pós-graduação na sua área de atuação profissional. Pode ser uma boa chance de se atualizar e ainda conhecer pessoas interessantes!
- *Trabalho voluntário* – Ofereça seu tempo, energia ou experiência para uma organização não-governamental, uma creche comunitária ou alguma entidade beneficente. É uma forma fácil de conhecer ótimas pessoas. Procure organizações cuja área de atua-

ção despertem seu interesse. Escolha atividades que precisem ser realizadas em conjunto e não isoladamente. Afinal, além de ajudar os outros, você quer desenvolver novos relacionamentos.

- *Clubes* – Vários clubes focalizam interesses especiais, como montanhismo, hipismo, vela ou golfe. Mesmo que você não seja fã de esportes, é mais fácil fazer amizade num clube, onde as pessoas estão mais descontraídas e se sentem mais seguras para conversar com alguém que acabaram de conhecer.
- *Academia de ginástica* – Aproveite para entrar em forma e conhecer pessoas que também se preocupam com a saúde e o bem-estar do seu corpo. Você pode puxar um papo com alguém que está pedalando na bicicleta ao seu lado ou tomando um suco de frutas no barzinho da academia.
- *Festa* – Convide vários amigos e peça que elas tragam uma pessoa que você não conhece (um vizinho, uma colega de trabalho, um parente). Escolha um tema para a festa – estilo anos 50, de Halloween, ou um luau havaiano na praia. Às vezes, conhecer novas pessoas quando se está com um grupo pode ser mais fácil, especialmente se você tiver dificuldades de superar a timidez.

O processo de criar uma comunidade espiritual pode ser considerado uma aventura. Pense nisso como a procura de um tesouro, uma busca mágica por pessoas semelhantes a você. Dessa forma, em cada encontro você poderá se surpreender com um relacionamento prestes a acontecer. Tenha coragem, corra riscos. O resultado valerá a pena.

APRENDA A ARTE DA LIGAÇÃO

À medida que sua comunidade se desenvolve, você terá oportunidade de criar conscientemente uma ligação mais espiritual com os outros. Seja com uma pessoa nova na sua vida ou com uma relação já existente, há formas específicas de criar intimidade em um nível mais profundo e criar um tipo de relacionamento enriquecedor.

Aprender a arte da ligação depende de uma disponibilidade para uma relação mais profunda com os outros, de maior intimidade. Para aprender a arte da ligação, é preciso dizer a verdade sobre você mesmo a fim de compartilhar seu ser interior com alguém. Embora a maioria das pessoas tenha um certo receio de se abrir com os outros e de revelar sua intimidade, o ser humano tem uma capacidade inata de se relacionar dessa forma.

Diante de um desastre, como um terremoto ou uma enchente, os habitantes das cidades se juntam e se apóiam mutuamente. Pessoas que antes nem se conheciam arriscam-se para salvar a vida de vizinhos desesperados. Isso ocorre, creio eu, porque nosso instinto humano básico é amar e cuidar do próximo. Em momentos de sofrimento, nós instintivamente oferecemos conforto e apoio aos que estão à nossa volta. Com muita freqüência, nós esperamos até ser tarde demais para que as pessoas saibam como nos sentimos a respeito delas. Em vez de esperar que ocorra um desastre, um enterro ou outra infelicidade, aproxime-se. Aprendendo a arte da ligação, você terá oportunidade de criar o que eu chamo de "lembranças intencionais".

Walter, um especialista em computador, nascido em uma família grande, resolveu aderir à idéia de criar uma ligação espiritual. Ele queria fazer alguma coisa para tornar sua família mais unida. No verão de 1997, reuniu vinte e dois parentes no mesmo hotel, entre pais, irmãos, irmãs, sobrinhas e sobrinhos. Na última noite que passaram juntos, para surpresa da família, Walter anunciou que queria que todos os adultos participassem de uma brincadeira depois que as crianças dormissem.

Os familiares se juntaram em círculo e esperaram as instruções com nervosismo. Walter inventou a seguinte brincadeira: os participantes respondiam a perguntas simples e recebiam pontos cada vez que acertavam. Essas perguntas diziam respeito à história da família, portanto, para responder, todos tinham de rememorar acontecimentos especiais do passado. Quando Walter explicou as regras, percebeu que alguns deles começaram a se mexer na cadeira. Duas pessoas comentaram que aquela brincadeira era muito boba, outra começou a fazer piadas. Como Walter tinha previsto esse tipo de reação, percebeu que isso era sinal de que eles tinham medo de se tornar "muito íntimos".

Quando o jogo terminou, todos riam, gritavam e se divertiam a valer. No final da reunião, vários membros da família agradeceram a Walter pelo seu esforço para lhes proporcionar uma noite inesquecível. Walter criou uma "lembrança intencional", uma ocorrência planejada de antemão, que permitiu que sua família se ligasse em um nível mais espiritual. Todos eles vão guardar essa lembrança para o resto da vida.

Minha cliente Rochelle disse que se lembrava do dia em que estava no hospital esperando o resultado de um exame e uma amiga apareceu de surpresa para lhe fazer companhia. Embora isso tivesse acontecido há cinco anos, ela ainda se lembrava nitidamente daquele ato de amor.

Às vezes, uma ligação espiritual é criada só porque a gente diz a uma pessoa que gosta dela. Esses tipos de ligações podem ocorrer durante uma conversa com um amigo querido, em uma reunião com um colega ou em um breve intercâmbio com um estranho. Quando você se permite estabelecer uma ligação com os outros, todo encontro se torna um compromisso espiritual.

Vejamos algumas formas práticas para você se ligar aos outros em nível mais profundo. Depois de ler esses exemplos, escolha um deles e entre logo em ação.

ENTRE EM AÇÃO! RECONHEÇA E APRECIE OS OUTROS

Quantas vezes alguém já lhe telefonou sem mais nem menos para dizer que sua amizade era fundamental? Qual foi a última vez que alguém reconheceu que apreciava um dom, talento ou característica específica sua? E você já fez uma dessas surpresas para alguém? Se for como quase todo mundo, provavelmente teve dificuldade de responder a essa pergunta. Lembrar de admirar e elogiar os outros é uma ótima forma de aprofundar uma ligação.

Minha cliente Teresa disse que ficou encantada com o gesto de um colega que lhe mandou flores para agradecer o apoio que ela lhe dera num projeto. Outro cliente, o professor universitário Glen, ficou comovido quando um colega distribuiu um memorando reconhecendo sua "brilhante" contribuição para uma pesquisa que o departamento dele tinha publicado. Atos simples de gentileza ligam as pessoas e podem mudar o relacionamento entre elas para sempre. Por isso, vamos começar com a arte do elogio.

No início da minha carreira de treinadora, eu aprendi um exercício muito eficiente com Ed Shea, um especialista americano em relacionamento. Ed dedicou a vida a ensinar os outros, através de técnicas de comunicação, a desenvolver uma ligação espiritual. Esse exercício, chamado exercício de apreciação, é feito com duas pessoas (casais, amigos, colegas, sócios, irmãos, etc.) interessadas em aprofundar seu relacionamento e experimentar um fantástico sentimento de amor e ligação. O exercício resume-se a duas declarações: "Eu aprecio você..." e "Eu me aprecio...".

Para demonstrar como esse processo funciona, eu incluí um diálogo entre duas amigas, Jane e Marsha.

Jane começa dizendo a Marsha o que aprecia nela:
Marsha, eu aprecio sua seriedade para lidar com qualquer problema que surge no seu caminho. Aprecio também seu senso de humor e sua gentileza de se lembrar de acontecimentos importantes para mim.

Marsha reconhece o que ouviu e repete:
Jane, eu aprecio minha seriedade para lidar com qualquer problema que surge no meu caminho. Aprecio também meu

senso de humor e minha gentileza de lembrar de acontecimentos importantes para você. Eu compreendi bem?

Jane reconhece:
Compreendeu.

Depois, Jane diz a Marsha o que aprecia em si própria:
Eu aprecio minha capacidade de persistir até concluir uma tarefa. Aprecio também a forma como educo meus filhos.

Mais uma vez Marsha repete o que ouviu:
Você aprecia sua capacidade de persistir até concluir uma tarefa. Aprecia também a forma como educa seus filhos.

Jane confirma.
Certo.

Então, Marsha começa a falar e Jane passa a repetir o que ouve. Esse exercício eficaz, que eu usei na minha própria vida e com meus clientes, pode parecer um pouco estranho no início. Mas, quando terminar, garanto como você vai se sentir profundamente apreciada, coisa da qual todos nós precisamos muito.

Ao fazer esse exercício, liste todas as coisas que gostaria que fossem apreciadas pelos outros e por você. Leia uma linha, faça o outro repetir, depois passe para outra linha. Esse exercício é um ótimo ritual para pais e filhos, casais ou até mesmo amigos que desejam manter sua relação viva e boa.

Há muitas outras formas de apreciar os outros: mandar bilhetes, dar um telefonema, ajudar num momento de aperto. O mais importante é saber quem você aprecia e dizer isso a essa pessoa. Pare agora, pense e escreva três nomes no seu diário. Faça ou diga alguma coisa para expressar sua apreciação esta semana! Agora, vejamos a arte do reconhecimento.

Reconhecer uma pessoa é reconhecer um talento, dom ou característica específica dessa pessoa. Em vez desse reconhecimento, em geral nós aprendemos a fazer elogios. Falamos sobre alguma coisa que apreciamos nos outros, em vez de dizer quem eles são. Em outras palavras, os elogios são freqüentes entre nós (por exemplo, eu gosto do seu vestido, eu acho que você fez um ótimo trabalho nesse projeto, eu gostei do seu desempenho). Usando a palavra "eu" você está falando de você.

Quando muda de elogio para reconhecimento, ao reconhecer "quem" a pessoa é, você provavelmente verá uma reação diferente. Minha cliente Brenda decidiu praticar o reconhecimento com seus empregados. Em vez da típica abordagem "Puxa, que trabalho bem-feito!", Brenda começou a falar de contribuições específicas e a relacioná-las aos traços de caráter. Por exemplo, sua assistente administrativa, Jana, previa tão bem suas necessidades, que Brenda parou na mesa dela certa manhã e disse: "Jana, você tem a capacidade de saber o que eu preciso antes mesmo de eu precisar. Você é muito intuitiva e tem um papel importante no sucesso do nosso negócio."

Você notará que Brenda usou "você" e não "eu". As declarações com "eu" são sempre sobre nós, enquanto as declarações com "você" colocam o outro em primeiro plano. Por exemplo, se você for jantar com uma amiga e achar que ela está bem, em vez de dizer "Eu adorei sua roupa", pode afirmar: "Você tem muito gosto para se vestir." Isso faz com que a declaração se torne um reconhecimento de um talento dela.

Comece a praticar essa técnica com as pessoas próximas. Com muita freqüência, passamos mais tempo expressando nossas frustrações e desapontamentos com aqueles que amamos do que reconhecendo quem eles são e o que amamos neles.

Essa prática é ótima com nossos filhos. Por que não tentar reconhecer quem seu filho é, em vez de ver o que ele faz? Se você não tiver filhos, pode praticar com uma sobrinha, sobrinho ou filho de uma amiga. Eles são especialmente dotados em alguma área? Diga isso a eles. "Margaret, você tem muito talento para matemática, tem realmente um jeito especial para números." Ou se seu filho é criativo, você pode dizer: "Matt, você é o menino mais criativo que eu conheço. De onde tira essas idéias?" Note como ele reagirá a esse reconhecimento.

Mais uma vez, quando reconhece quem a pessoa é, você a está "vendo". E assim cria uma ligação. Por que não fazer disso um hábito? Se praticar, você começará a reconhecer automaticamente as qualidades daqueles com quem convive e também sentirá a alegria de uma ligação mais profunda.

ENTRE EM AÇÃO!
RESERVE UM TEMPO PARA "EMOCIONAR ALGUÉM"

Eu adoro mandar cartões e presentinhos e deixar mensagens na secretária eletrônica com uma voz engraçada para alegrar o dia de alguém. É na realidade uma ação egoísta – eu faço isso para expressar meus sentimentos, mas também para me alegrar. Quando você "emociona" uma pessoa, aproximando-se dela de forma única e pessoal, ocorre uma ligação espiritual. Por exemplo, uma tarde, no início da primavera, eu estava caminhando pela praia em frente à minha casa quando deparei com uma linda concha. Imediatamente pensei na minha irmã Michelle, que adorava catar conchinhas quando éramos mais jovens. Então, eu decidi juntar várias conchas e enviá-las pelo correio. Foi uma forma de compartilhar minhas boas lembranças.

Quantas vezes você viu um objeto em uma loja, lembrou de alguém de quem gosta e pensou em comprá-lo? Por que não agir por impulso? Quando isso acontecer, telefone para a pessoa e diga que se lembrou dela, ou compre o presente e mande-o pelo correio sem avisar. A aproximação cria uma ligação de amor que guardamos para sempre conosco.

Reserve um tempo para fazer pequenas surpresas que lembrem aos outros que você gosta deles. Nessa era de e-mail e secretária eletrônica, é muito fácil a gente se sentir isolado e desligado das pessoas. Por que não tentar enviar cartas da forma antiquada? Pense em alguém de quem você gosta e mande-lhe uma carta ou cartão escrito a mão. Como você se sente quando recebe um cartão ou um bilhete inesperado?

Lembre-se de aniversários e acontecimentos especiais enviando bilhetes ou presentes diferentes. Uma de minhas clientes gosta de enviar bilhetes com sementes para serem plantadas ou pequenos cartões com saquinhos de chá. Diga às pessoas como se sente sobre elas. Algum dia você já desligou o telefone e pensou: "Puxa, eu realmente gosto dessa pessoa" ou "Eu sou um felizardo de ter essa pessoa na minha vida"? Por que não pegar o telefone, ligar para elas e dizer-lhes diretamente: "Você sabia, Ellen, que quando desliguei o telefone pensei comigo mesmo..." Não guarde mais esses sentimentos dentro de você. Tire-os da cabeça e ponha-os no mundo.

Deixe os outros saberem que emocionaram você também. Quando minha cliente Sara era garota, seu pai dizia que ela parecia uma borboleta porque tinha o espírito livre. Anos mais tarde, quando Sara viu uma borboleta de cristal na vitrine de uma loja, comprou-a imediatamente para o pai. Ele ficou comovido com o presente da filha e encantado com o arco-íris que se formava quando os raios de sol refletiam no cristal.

Vários meses depois, Sara recebeu um lindo recado na sua secretária eletrônica: "Estou sentado no meu escritório rodeado de raios de luz que me fazem pensar em você. Só queria que você soubesse que eu a amo. Seu pai." Quando Sara recebeu a mensagem, sentiu-se tão feliz, que começou a chorar. Quem teria imaginado que um gesto tão simples causaria tal impacto nela?

Como você pode emocionar alguém hoje? Escolha uma pessoa especial e liste três coisas que você sabe que são importantes para ela. Do que ela gosta? O que quer? O que a diverte? Usando um desses itens como tema, faça alguma coisa para mostrar o quanto gosta dessa pessoa.

ENTRE EM AÇÃO! SAIA EM BUSCA DE UM TESOURO

Dentro de cada um de nós há uma infinidade de tesouros enterrados – sonhos secretos, paixões ocultas e fortes desejos que anseiam por ser descobertos. Uma das melhores formas de aprofundar seus relacionamentos é aprender a arte de desvendar o tesouro escondido dentro dos outros. Fazendo as perguntas certas, você pode apreciar a riqueza e a beleza de todos aqueles que conhece.

Minha melhor amiga Max adora conhecer pessoas. Ela domina perfeitamente a arte de desvendar tesouros ocultos. Quando Max chega a algum lugar, irradia um magnetismo que faz com que todos se soltem. Ela faz perguntas, ouve atentamente e se interessa pelas respostas que recebe. Seu questionamento nunca é uma "técnica", vem do coração e do seu desejo natural de realmente conhecer os outros.

Você também pode aprender a fazer isso. Por exemplo, no seu aniversário, convide parentes e amigos a participar de um jogo para vocês se conhecerem melhor. As seguintes perguntas podem ser feitas para criar uma ligação em nível mais espiritual:

Qual é a coisa pela qual você sente maior gratidão?
Você se lembra de algum evento que tenha mudado sua vida?
De que você mais se orgulha?
Há alguma coisa que você gostaria de poder fazer de novo?
De que você tem mais medo e por quê?
Qual foi o momento mais constrangedor da sua vida?
Há alguma coisa que a maioria das pessoas não sabe sobre você?
O que você sempre quis fazer?
Qual foi a experiência mais significativa da sua vida?

Você também pode usar esse tipo de pergunta em conversas com os outros. Disponha-se a aprofundar a relação entre vocês, conversando sobre algo mais significativo, em vez de só falar de superficialidades. Não deixe suas próprias necessidades impedirem que você conheça melhor os outros. Ouça, em vez de falar, e use a arte de fazer perguntas para focalizar a outra pessoa – isso abre a porta para uma ligação espiritual.

ENTRE EM AÇÃO! VOLTE PARA AS COISAS BÁSICAS

Uma forma simples de criar uma ligação espiritual com alguém é colocar em prática uma das lições mais antigas: ser gentil. Coisas simples e básicas, como olhar dentro dos olhos, dizer obrigado e chegar na hora certa, são muito importantes no mundo agitado de hoje.

Se os olhos são as janelas da alma, faz sentido olhar nos olhos do outro para criar uma relação mais espiritual. Você já conversou com alguém que não olhava dentro dos seus olhos? Enquanto você falava, a pessoa olhava por cima do seu ombro ou para o relógio? Como você se sentiu? A mensagem que esse comportamento envia é: "Você não tem a menor importância para mim, estou interessado em outra coisa." Eu sempre me surpreendo quando vejo alguém conversar com uma pessoa olhando em outra direção. É uma atitude muito rude. Aprenda a focalizar seu intelocutor, olhando-o dentro do olho.

Chegue na hora certa. Quando você cria um tempo para sua vida, torna-se mais fácil evitar atrasos. Não há nada mais irritante do que esperar alguém que sempre abusa do seu tempo. É claro que há ocasiões em que não se pode evitar o atraso, mas, com um bom planejamento, isso deve ser a exceção e não a regra.

Nós todos conhecemos pessoas que chegam sempre atrasadas, apesar da irritação que isso provoca nos outros. Temos que marcar meia hora mais cedo para que elas não se atrasem para o cinema ou para o jantar. Com o tempo, esses atrasos desgastam o relacionamento e a pessoa pode até deixar de ser convidada. Honre seus relacionamentos espirituais chegando na hora certa.

Diga obrigado. Embora a maioria das pessoas aprenda a agradecer desde criança e diga obrigada várias vezes por dia, há um tipo de agradecimento que estabelece uma ligação mais profunda com os outros e pode criar uma experiência memorável até com gente que você mal conhece. É muito simples: basta você agradecer segurando a mão do outro e olhando-o dentro do olho. Ou, se preferir, pode escrever uma carta dizendo ao outro por que suas ações ou palavras causaram impacto na sua vida. Às vezes, o melhor agradecimento é fazer uma surpresa.

Dê uma caixa de chocolates ou biscoitos caseiros para os porteiros do seu prédio e agradeça-lhes pelos serviços prestados ao longo do ano. Faça o mesmo com seu cabeleireiro ou com sua secretária. Surpreenda-os com um presentinho no aniversário ou no Natal. Deixe uma gorjeta extra para o garçom do seu restaurante preferido e diga como apreciou o serviço dele.

Envie um "cartão virtual", uma saudação por e-mail, para seus colegas de trabalho e agradeça a cooperação deles. Diga que gosta de trabalhar com eles. Mande uma cesta personalizada para um cliente. Agradeça a alguém que não espera receber agradecimentos. Quando meu cliente Jack fez isso, ficou muito emocionado com o resultado. Durante uma sessão de treinamento, eu pedi que ele pensasse nas pessoas às quais ele era grato. Jack disse que se sentia grato ao seu jardineiro, Patrick, pelo cuidado que ele tinha com seu jardim. Então, eu sugeri que ele surpreendesse Patrick.

Um dia, quando Jack chegava em casa, encontrou Patrick terminando o trabalho no jardim. Atravessou o gramado, estendeu-lhe a mão, olhou-o dentro do olho e disse: "Sabe de uma coisa, Patrick? Toda noite, quando eu volto para casa, olho o jardim e fico contente de ver tudo limpo e bem cuidado. Porém, nunca parei para lhe agradecer. Quero que você saiba como eu aprecio o trabalho que você faz. Muito obrigado."

Patrick sorriu com um ar tímido e olhou para baixo. Quando se recuperou da emoção, encarou Jack e disse: "Obrigado, Jack. A maioria das pessoas nem nota o meu trabalho." A resposta de Patrick fez com que Jack percebesse como é importante parar para agradecer aos outros.

Em quem você deve reparar? Pare um instante para pensar nas pessoas às quais você gostaria de agradecer. Escolha quatro e escreva seus nomes no seu diário. Agora, reserve um tempo para agradecer a cada uma delas de uma forma que mostre sua verdadeira apreciação.

Imagine como a vida seria se pudéssemos considerar todo encontro com outro ser humano – do carteiro ao seu amigo mais íntimo – como uma ligação espiritual. Não só o mundo seria um lugar melhor como sua vida seria enriquecida por aqueles que você emociona. Com muita freqüência, nós procuramos preencher o vazio da vida com "coisas", porém o verdadeiro significado e realização encontram-se nas nossas relações com os outros. Reserve hoje um tempo para aproximar-se de alguém com a intenção de criar uma ligação espiritual.

7

HONRE SEU BEM-ESTAR ESPIRITUAL

UM LIVRO QUE SE PROPONHA A ENSINAR a criar uma vida de qualidade não é completo se não forem discutidos os meios de honrar nosso bem-estar espiritual. De uma forma ou de outra, todos nós temos ânsia de dar mais sentido à nossa vida – criar um objetivo, uma ligação com alguma coisa maior que nós mesmos. Essa ânsia espiritual, como que uma fraca voz interior, está sempre presente em meio ao estresse do dia-a-dia, às preocupações na nossa cabeça e ao descontentamento do nosso coração. A voz da alma nos chama e, embora às vezes não seja ouvida, nunca deixa de tentar atrair nossa atenção.

Muitas vezes meus clientes vêm ao treinamento com um desejo consciente de fortalecer sua capacidade de ouvir essa voz interior. Outras vezes, depois de passarem pelo processo apresentado neste livro, experimentam uma abertura gradual para sua sabedoria interior, um fraco despertar espiritual. Quando essa ligação é feita, alguns procuram honrar o sagrado dentro de um contexto religioso, outros têm uma abordagem menos tradicional. Depois que eu faço a distinção entre o espiritual e o religioso para acabar com qualquer barreira, esclareço que minha tarefa é ajudá-los a viver uma vida baseada na sua verdade interior. Afinal de contas, todos aqueles com quem eu trabalhei queriam viver uma vida mais autêntica, que refletisse o que eles realmente são. Isso para mim é uma busca espiritual.

Quando eu comecei a desenvolver minha prática de treinamento, esperava que meus clientes considerassem seu bem-estar espiritual uma prioridade. Encorajei-os a reservar um tempo no seu horário apertado para meditar, rezar, apreciar a natureza ou fazer o que fosse necessário para se ligar com sua sabedoria interior e um poder divino. Pouco depois percebi que essa abordagem não funcionava. Tentar ouvir sua voz interior no meio da barulheira de uma vida movimentada torna impossível a tarefa de viver com autenticidade.

A maioria das pessoas luta para encontrar uma forma de viver com autenticidade em um mundo maluco. Como disse o poeta E.E. Cummmings: "Ser você mesmo em um mundo que faz o possível, dia e noite, para torná-lo qualquer um significa entrar na batalha mais dura da vida de qualquer ser humano e nunca parar de lutar." Algumas pessoas tentam lutar fazendo aulas de meditação ou recolhendo-se em mosteiros em busca de si mesmas, de sua sanidade mental e de momentos de calma que as religuem com a fraca voz da sua alma. Isso pode funcionar, mas é uma solução temporária. Quando essas pessoas voltam para a sua rotina atribulada e competitiva, perdem rapidamente a capacidade de ouvir sua sabedoria interior e de manter uma ligação constante com sua espiritualidade. Esperar que meus clientes criem uma prática espiritual diária dentro do contexto de suas vidas agitadas é destiná-los ao fracasso. Por isso, eu comecei a ajudá-los a eliminar todos os obstáculos que estavam no caminho da vida autêntica e espiritual que desejavam.

Agora que conseguiu criar mais tempo e espaço na sua vida e eliminou muitas barreiras, você está pronto para desenvolver uma prática que lhe permita honrar seu bem-estar espiritual. Neste capítulo eu gostaria de lhes mostrar como fazer isso. Seria bobagem pensar que um capítulo ou um livro podem lhe dar todas as ferramentas necessárias para você viver integralmente de acordo com sua sabedoria interior. O cuidado com a sua alma é uma tarefa para a vida inteira, repleta de dificuldades. Por isso, eu gostaria de ensinar você a desenvolver uma forma pessoal de honrar seu bem-estar espiritual. O trabalho que você fez até aqui é um início importante. A busca espiritual por uma vida autêntica implica fazer escolhas baseadas na sua sabedoria interior, o que se torna muito mais fácil quando você cria tempo e espaço para ouvir o que ela tem a dizer. Não tenha dúvidas: você está num bom caminho.

Neste capítulo, eu mostrarei como fortalecer a ligação com a sua sabedoria interior. Darei idéias e mostrarei novas ferramentas para você desenvolver uma prática espiritual que se adapte à sua vida. Também ensinarei de que maneira você deve nutrir e alimentar sua alma a fim de manter essa ligação aberta e fluente.

BEM-ESTAR ESPIRITUAL

Para você, o que significa bem-estar espiritual? Uma total integração com tudo o que existe? Um relacionamento com Deus? Um sentimento profundo de paz interior ou a fé de que tudo acabará sempre bem? Pare um instante e lembre-se da primeira experiência espiritual que você teve. Já ouvi as mais variadas respostas de meus clientes, dentre elas as seguintes:

> "Quando eu vi meu filho nascer, compreendi, em um nível muito profundo, como era o verdadeiro amor. Eu senti uma ligação com uma força de amor que não consigo pôr em palavras. Tudo o que posso dizer é que foi o sentimento mais divino de toda a minha vida."

> "Quando vou à igreja e rezo em silêncio, sinto uma união com Deus em um nível muito profundo, quase como se Ele estivesse ao meu lado, dizendo que tudo estava bem."

"Eu estava andando pela calçada do Coliseu de Roma quando de repente, sem mais nem menos, tive uma sensação de ser amado e reconhecido por Deus. Não sei de onde veio isso, mas foi um sentimento intenso e muito real, de puro êxtase."

"Uma das experiências mais profundamente espirituais que eu tive foi quando visitei o Sai Baba, na Índia. Aquele homem, aquele ser espiritual, emanava amor. Quando eu o vi andando no meio da multidão, tocando a cabeça das pessoas à sua volta, senti meu coração se abrir."

Embora essas situações específicas sejam diferentes, há um elemento em comum – um profundo senso de amor e ligação com uma poderosa força divina. Isso reafirma a minha crença de que a principal razão por que estamos aqui é para aprendermos a amar a nós mesmos e aos outros. Não há chamamento maior que esse. Há um desejo comum em todos os tipos de fé de uma ligação mais profunda com esse poder divino de amor. Embora nossa idéia de vida espiritual possa ser diferente, uma coisa é certa: quem busca essa ligação, honrando seu bem-estar espiritual, tem uma vida mais feliz e mais realizada.

Como treinadora profissional, eu tive a felicidade de experimentar esse sentimento da presença divina durante minhas conversas com os clientes. Há momentos sagrados em que a verdade é dita, e eu me ligo com o cliente em um nível profundo, que abre a porta para o poder divino do amor. Quando isso ocorre, em geral meus olhos se enchem de lágrimas.

Eu me lembro de uma experiência com um cliente específico, contador de uma grande empresa. Várias vezes, ao longo do nosso trabalho, ele me falou das suas soluções criativas na ocorrência de problemas do seu departamento. Um dia eu decidi dizer que o achava muito criativo. Falei que a capacidade dele de solucionar problemas era impressionante e que ele podia pensar em usar esse talento criativo em outras áreas da sua vida.

Quando terminei de falar, fez-se silêncio. Eu senti uma mudança de energia, como se alguém tivesse apertado com força meu peito e tocado o meu coração. Meus olhos encheram-se de lágrimas, mas eu não sabia por quê. Até que ele falou que nunca tinha se considerado criativo e que, ao ouvir minhas palavras, foi tomado de uma tristeza profunda. Ninguém jamais tinha reconhecido sua capacidade e, pela primeira vez na vida, ele se sentiu "visto", o que o comoveu profundamente. O amor estava presente naquele momento, e são momentos como esse que servem para nos lembrar que o amor é a força espiritual universal.

Como manter viva essa ligação? O que você pode fazer para honrar seu bem-estar espiritual, não importa como o defina, na sua vida diária?

A SABEDORIA INTERIOR REVISITADA

Thomas Moore, autor de *Cuide de Sua Alma* e outros títulos sobre espiritualidade, define a alma como aquela parte da gente que deseja ter uma experiência rica na vida diária, estar em contato com os sentimentos, a sabedoria interior e com o divino. No capítulo 1, eu pedi que você começasse a estimular sua ligação com a sabedoria interior. Sugeri que pedisse orientação para questões simples e práticas da sua vida diária.

Agora eu gostaria que você usasse esse treinamento num outro nível. Quando tiver confiança e se entregar, um fluxo divino de energia vai guiar você rumo a uma vida melhor. Quando os fundamentos da sua vida estiverem em boa forma (você acertar suas prioridades, eliminar o que esgota suas energias, desenvolver reservas financeiras, etc.), você poderá deixar de estabelecer metas e passar a viver uma vida "sem objetivos". Em vez de decidir o que quer, poderá deixar a orientação divina dirigir seus próximos passos.

ENTRE EM AÇÃO! ENTREGUE-SE A UMA ORDEM MAIOR

A principal maneira de honrar seu bem-estar espiritual é viver de acordo com sua verdade interior – sua intuição ou sua sabedoria interior. Se você ouvir a sabedoria da sua alma e entrar em ação, seguirá a direção que sempre leva ao seu bem maior. Lembre-se do seguinte: a prática do cuidado máximo com você manterá aberta e disponível a ligação com a sua sabedoria interior. Depois de ouvir as orientações, os próximos passos são fé e ação. Quando juntar tudo isso, o bem maior prevalecerá.

Quase todo mundo se lembra de, algum dia, ter uma intuição sobre a direção a ser tomada. E todos têm histórias para contar sobre o que lhes aconteceu quando não seguiram essa orientação. Muitas vezes, as pessoas escolhem o caminho que acreditam ser mais seguro e familiar, mas depois percebem que sua sabedoria interior tinha lhes mostrado a escolha certa o tempo todo.

Meus clientes reconhecem que já mantiveram um relacionamento apesar de saberem intuitivamente que não ia funcionar. Ou perceberam que era hora de deixar o emprego e, depois que pediram demissão, a empresa entrou em falência. Nós todos temos histórias para contar. Por isso, não se censure se deixou de ouvir alguma vez sua sabedoria interior. Use essa experiência como uma forma de reconhecer quantas vezes ela lhe passou informações precisas.

Recordar esses acontecimentos, especialmente quando se vê diante de uma decisão difícil, pode ajudar você a prestar mais atenção à orientação de sua sabedoria interior, mesmo que pareça contrária ao que você acha melhor. Primeiro, temos de nos conscientizar de que a sabedoria interior existe. Depois, precisamos aprender a entrar em sintonia com sua voz. E, finalmente, aprendemos a confiar nela e a agir com base na sua orientação. Minha cliente Natalie aprendeu essa lição.

Natalie estava preocupada com dinheiro. Embora tivesse uma reserva na caderneta de poupança, sua firma de consultoria estava com menos movimento do que o normal por causa das férias. Exatamente nessa época, ela foi contactada por um antigo cliente, que lhe ofereceu um grande projeto. Mas era um trabalho numa área em que ela não queria mais atuar e o prazo era muito apertado – de três meses quando o normal seriam seis. Em compensação, ela receberia uma alta soma, 30 por cento a mais do seu cachê habitual.

Dadas suas preocupações financeiras, ela pensou em aceitar. Disse a si mesma que, embora tivesse de trabalhar nos fins de semana, seria fácil e lucrativo. Porém, desde o início, ela sentiu que havia alguma coisa errada. Quando discutiu o projeto com o cliente, achou-o evasivo e incapaz de lhe fornecer informações importantes. Para cumprir o prazo, era óbvio que teria de fazer um trabalho menos cuidadoso.

Quando conversamos sobre o assunto, Natalie admitiu que seu instinto lhe dizia que aquele projeto podia vir a ser um problema. Ela devia recusá-lo, pois acabaria ficando estressada com a data de entrega e, por algum motivo, suspeitava das intenções do cliente. Se aceitasse somente por causa do dinheiro, não estaria pensando no seu bem-estar. É aí que a coragem e a fé entram.

Eu expliquei a Natalie que ela teria de confiar em uma presença divina para tomar sua decisão. O cuidado máximo com você vem sempre em primeiro lugar. Ela estaria perdendo dinheiro, mas, pela minha experiência, ouvir a sabedoria interior sempre vale a pena. Natalie recusou a proposta e, uma semana depois, teve outra oferta de trabalho. Embora o pagamento não fosse tão bom, era exatamente o tipo de trabalho que ela gostava de fazer. Além do mais, o cliente estava interessado em um relacionamento a longo prazo. Essa experiência positiva reforçou sua decisão e ajudou-a a confiar ainda mais na sua intuição.

Decisões importantes sobre deixar um emprego, terminar um relacionamento ou mudar o rumo da nossa vida aparecem a toda hora. A resposta sempre está dentro de nós. É preciso ter fé para seguir sua sabedoria interior, e a única maneira de desenvolver essa fé é fazendo escolhas sem saber qual será o resultado. Quando agimos baseados nessa sabedoria, nossa vida começa a funcionar e as coisas parecem entrar nos eixos magicamente.

Comece a fazer uma ligação com sua sabedoria interior de forma mais ativa. Habitue-se a pedir orientação sobre tudo. Por exemplo, se você tem um sonho que gostaria de realizar, peça à sua sabedoria interior que lhe mostre o próximo passo. Ou se não tem certeza de que deve fazer uma determinada mudança na sua vida, peça um sinal. Coisas incríveis podem acontecer.

Minha cliente Hillary tinha um sonho secreto de escrever um roteiro de cinema. A idéia da história estava toda na sua cabeça, mas ela nunca passou para o papel. Dizia que não sabia como começar e manteve seu sonho em banho-maria. Quando falei que ela devia pedir orientação da sua sabedoria interior sobre o próximo passo, Hillary explicou que não estava certa se valia a pena correr atrás daquela idéia. A resistência, em geral, é o caminho mais fácil para quem tem medo de fracassar ou de se decepcionar. Mas insisti para que ela consultasse sua sabedoria interior.

Um mês depois, durante um jantar na casa de amigos, ela conheceu um jovem roteirista que tinha acabado de vender seu primeiro filme para uma produtora independente. Ela se lembrou de seu pedido de orientação e percebeu que estava recebendo um sinal de sua sabedoria interior. Sim, era possível escrever e vender um roteiro! Hillary tomou coragem e perguntou ao rapaz se ele poderia lhe dar indicações de cursos de roteiro e se aceitaria um convite para almoçar com ela e lhe dar algumas dicas de como entrar no mercado.

Quando você pergunta com regularidade, a orientação começa a fluir. A prática espiritual diária é a chave que abre esse canal para obter as respostas que você deseja. Manter uma prática espiritual regular é a melhor forma de tornar seu bem-estar espiritual uma prioridade. Quando falo em prática, estou me referindo a reservar um tempo para as coisas que honram seu bem-estar espiritual. Pode ser meditar diariamente por alguns minutos, caminhar em contato com a natureza ou se reunir com um grupo espiritual para dividir inspirações e percepções. Qualquer tipo de atividade espiritual consistente, que nutra a alma, aprofundará sua ligação com você mesmo e com o poder divino que une todos nós.

Agora que tem mais tempo e espaço na sua vida, é o momento perfeito para desenvolver uma prática espiritual. Não existe uma forma certa ou errada de honrar a sua alma. É uma escolha pessoal, que deve se adaptar às suas necessidades. Vejamos os exemplos de alguns dos meus clientes. Anote no seu diário o que lhe parece correto para usar depois no desenvolvimento de sua própria prática espiritual.

Mark adora a vida ao ar livre. Gosta de correr no verão e esquiar nos meses de inverno. Ele sempre me disse que estar em contato com a natureza alimenta sua alma e estreita seus laços com Deus. Quando conversamos sobre a melhor prática espiritual para ele, ficou claro que Mark precisava fazer alguma coisa ligada à natureza. No verão, ele acorda cedo para correr e aproveita o jogging matinal para repetir uma oração várias vezes, uma espécie de mantra, no ritmo dos seus passos. No inverno, quando esquia ou faz trilha, Mark sempre pára alguns minutos e faz uma oração, agradecendo a Deus pela beleza à sua volta. Atualmente, quando tem algum problema, faz um passeio ao ar livre para pensar nas suas opções. Essa tornou-se sua forma de comunhão com Deus.

Jason, por sua vez, optou pela meditação. Criou um espaço na sua sala, colocou velas, incenso e vários objetos que tinham um significado especial para ele. De manhã, antes de ir para o trabalho, e de noite, quando chega em casa, dedica alguns minutos à meditação. Não é o tempo que passa no seu espaço sagrado que tem importância e sim a qualidade da sua experiência. Jason diz sentir uma energia limpa e clara entrar no seu corpo e as tensões saírem durante essas sessões de meditação.

Um exemplo curioso é o de Marty. Ele adora malhar e descobriu uma forma perfeita de combinar os exercícios físicos com seu bem-estar espiritual. Toda vez que vai para a academia de ginástica, ele faz do seu treinamento uma forma de meditação. Levanta e abaixa os pesos lentamente, imaginando uma poderosa força interior crescendo dentro dele. Concentra-se em fortalecer essa ligação interior, enquanto fortalece o corpo. Quando sai da academia, Marty se sente rejuvenescido em termos físicos e espirituais.

Cada um desses clientes encontrou uma forma pessoal e única de honrar seu bem-estar espiritual. Você também pode fazer isso!

ENTRE EM AÇÃO! PROGRAME SUA PRÁTICA ESPIRITUAL

Como você irá honrar seu bem-estar espiritual de forma regular? Onde se ligará com sua sabedoria interior, com Deus ou com a presença divina? Para criar seu programa, estudaremos o melhor lugar, tempo e método para você honrar seu bem-estar espiritual.

Crie um espaço sagrado. Isso significa escolher um bom local, a melhor hora do dia e a freqüência certa para você exercitar seu bem-estar espiritual. A maioria das pessoas pensa na prática espiritual como um acontecimento diário e solitário. Mas, como vimos nos exemplos acima, não há regras. Primeiro, vamos considerar o local.

Separe um lugar da sua casa para fazer seu rejuvenescimento espiritual: um cantinho de uma sala ou a sala toda. Escolha um lugar arejado, bem iluminado, tranqüilo e silencioso. Limpe bem o local, coloque flores, velas, incenso, almofadas e o que mais achar necessário para personalizar seu cantinho e torná-lo agradável.

Sente-se nesse espaço. A energia é pacífica? O lugar é calmo o suficiente? Você deve ter uma sensação de paz e espiritualidade quando estiver aí. Você precisa ter vontade de passar seu tempo nesse canto sagrado.

Talvez você prefira um lugar ao ar livre, num parque, numa praia ou na beira de um lago. Descubra que lugar alimenta sua alma e passe mais tempo lá. Aprecie uma caminhada à beira-mar, uma trilha nas montanhas, o céu azul no verão e as flores na primavera. Imagine que tudo isso foi feito para você, para alimentar sua alma.

Muita gente encontra a quietude e a paz de que precisa em lugares mais tradicionais de oração. Uma igreja ou templo pode ser o local perfeito para você ligar-se ao Divino. Se não vai à igreja ou à sinagoga há muito tempo, faça uma nova tentativa: volte lá.

Você pode escolher o local que quiser para a sua prática espiritual. O importante é escolher o que funciona melhor para você. Agora, escreva os lugares que considera sagrados no seu diário.

Escolha a melhor hora. Descobrir o horário certo para a sua prática espiritual é um fator importante na criação de um programa consistente. Para aqueles que têm uma prática diária, o início da manhã pode ser o mais apropriado para começar o dia. Para outros, praticar no final da tarde ou da noite é a melhor forma de se livrar do estresse e terminar bem o dia. Com que freqüência você faz sua prática espiritual? Todo dia? Uma vez por semana? Uma vez por mês? Embora eu recomende uma prática diária consistente, comece devagar e tenha sucesso. Honrando seu bem-estar espiritual, você se sentirá melhor consigo mesmo. Escreva seu horário ideal no seu diário.

Escolha sua prática espiritual pessoal. Que tipo de prática espiritual você vai escolher é algo estritamente pessoal. Se quiser, use alguns dos exemplos listados neste capítulo como base. Tente abordagens diferentes até estabelecer uma ou mais práticas que lhe convenham. Uma boa idéia é ouvir uma música que traga boas lembranças, acender uma vela e rezar, estudar uma passagem da Bíblia ou ler um livro com ensinamentos espirituais.

Você também pode decidir honrar o sagrado dividindo sua jornada espiritual com outros. Criar um círculo de amigos para meditar juntos, fazer leituras inspiradoras, trocar idéias sobre a espiritualidade e até mesmo compartilhar "experiências milagrosas" (acontecimentos que parecem ser meras coincidências, mas são resultado da força do poder divino em nossas vidas). Esse tipo de prática pode ser uma oportunidade de ouvir a sabedoria de Deus através dos outros.

Com quem você gostaria de dividir sua espiritualidade? Você pertence a alguma comunidade espiritual? Para você, uma reunião regular seria uma experiência rica para sua alma? Nós todos precisamos de um grupo que nos encoraje a explorar nossa natureza espiritual de forma mais completa. Por tradição, as comunidades espirituais são encontradas em igrejas e templos. Embora muitos ainda achem esses lugares apropriados, alguns clientes queixam-se de que não conseguem se ligar às pessoas de sua religião. Independente de credo religioso, pense nas pessoas da sua comunidade com as quais você gostaria de compartilhar sua prática espiritual e escreva os nomes delas no seu diário.

Por sinal, seu diário também pode se tornar um guia espiritual de confiança. Use-o para explorar seus pensamentos, sentimentos e desejos espirituais. Escreva suas orações, memórias e citações preferidas. Ponha tudo no papel e leia essas passagens quando precisar de inspiração. Faça do diário parte da sua prática espiritual.

Quando estava retomando minha vida espiritual, depois de ter me afastado de minha formação católica, passei um ano escrevendo todo dia cartas para Deus no meu diário. Eu tinha ânsia de me religar com um poder maior que eu mesma e comecei esse ritual. Consegui restabelecer minha ligação com Deus, e meu diário virou um grande companheiro na minha jornada espiritual.

Tente você também. Pegue seu diário e escreva uma carta para Deus, para o Universo, para Jesus, para Buda, para o Criador, para o Espírito Santo ou para o Divino – para a força espiritual em que você acredita. Escreva uma carta por dia durante uma semana. Imagine um grande poder lendo todas as palavras que você escreve.

Procure formas de incorporar outros rituais à sua vida diária. O simples ato de abençoar uma refeição, queimar incenso durante a leitura de um livro, ou acender uma vela durante o trabalho, pode acrescentar uma qualidade sagrada a acontecimentos rotineiros.

Agora que você tem muitas idéias, escolha as que lhe convêm e escreva no diário as formas de honrar seu bem-estar espiritual.

Leia o que você anotou anteriormente: o seu lugar sagrado, a melhor hora para sua prática espiritual e de que maneira você pretende honrar esse compromisso.

ENTRE EM AÇÃO! ALIMENTE SUA ALMA

O que deixa sua emoção à flor da pele? O que alimenta sua alma? Ouvir uma boa música, ver um pôr-do-sol espetacular ou dançar? Pode ser também aqueles momentos em que tudo parece se encaixar e fazer sentido na sua vida, deixando seu coração tomado de gratidão. Preste atenção às experiências positivas que causam arrepio e enchem seus olhos de lágrimas. Escreva essas coisas. São elas que alimentam sua alma e abrem sua mente e seu coração para a presença divina.

O alimento da alma pode comover em termos físicos, emocionais e espirituais. Minha cliente Toby lembra que assistiu a uma conferência que começou com a batida de vários tambores. O som alto e ritmado fez com que ela se levantasse imediatamente e sentisse uma presença primitiva tomar conta do seu corpo. Já meu cliente Andrew ficou hipnotizado ao assistir ao musical *Os Miseráveis*. Disse que o espetáculo mexeu com alguma força dentro dele. Não é sempre que temos experiências como essas, mas nossa alma precisa estar sempre alimentada. Por isso, eu lhe dou permissão para alimentar sua alma de forma regular e proteger sua saúde espiritual!

Crie momentos incríveis. Umas das melhores técnicas para alimentar a alma é criar o que chamo de "momentos incríveis". É realizar um velho sonho, mesmo que isso signifique correr riscos e tornar-se alvo de críticas. Li há algum tempo uma reportagem muito interessante do jornalista Bob Spitz. Ele acompanhou um concerto de rock em que as pessoas da platéia subiam ao palco para tocar com seus ídolos dos velhos tempos. Homens e mulheres de várias idades ficaram acampados vários dias e demonstravam uma euforia infantil por estarem realizando seus sonhos.

Eu me lembro de uma experiência incrível que vivenciei junto com outras setenta mulheres. Foi durante um workshop que eu estava fazendo numa universidade. Durante minha palestra, pedi que cada mulher escrevesse uma meta que desejava atingir e uma lista dos obstáculos que estavam no seu caminho. Depois, pedi que uma voluntária fosse para a frente da sala e contasse sua história ao grupo. Muito nervosa, Sandra contou que sua meta era tocar piano para uma platéia. Embora tivesse uma excelente formação como pianista clássica, ela tinha um medo terrível do palco – esse era o seu obstáculo.

Eu comecei a questionar Sandra sobre seu medo e percebi que ele vinha dos seus tempos de criança. Quando garota, Sandra era forçada a tocar piano para as amigas e os parentes, mas ficava aflita porque tinha horror de cometer erros. Esse medo se tornou tão intenso, que ela criou aversão a tocar em público quando ficou mais velha. Ela não tocava para ninguém havia mais de doze anos.

Expliquei que, como adulta, ela tinha a escolha de tocar ou não, mas que poderia estar barrando uma mudança que poderia melhorar muito sua vida. Lembrei que tinha visto um piano do lado de fora da sala, no final do hall, e perguntei se Sandra estava disposta a tocar uma peça de um minuto para nós, com erros. Todas as mulheres se levantaram para demonstrar seu apoio e aplaudiram Sandra de pé.

Depois de muita deliberação, ela aceitou o desafio. Quando ela se sentou diante do piano houve uma longa pausa. Ela respirou fundo e começou a tocar uma das peças mais lindas que eu já ouvi. O tempo parecia ter parado. A coragem de Sandra de se expor diante de setenta mulheres abriu uma porta para a presença divina entrar, uma presença tão forte que muitas de nós ficamos com os olhos cheios de lágrimas. Tive certeza de que nós iríamos nos lembrar daquele momento para sempre e que alguma coisa dentro de nós tinha mudado. É isso que o alimento da alma faz.

Isso aconteceu há cinco anos. Imagine minha surpresa quando recebi um telefonema de Sandra enquanto escrevia este livro. Ela disse que tinha lembrado daquele dia e decidido me telefonar para dizer que aquela experiência provocara um grande impacto na sua vida. Sempre que precisava fazer uma escolha difícil, ela voltava no tempo e pedia o amor e o apoio de todas as mulheres daquela sala.

As ocorrências e experiências que alimentam a alma podem nos abastecer por toda a vida. Assim como Sandra, você pode invocar esse poder quando precisar.

Como você vai criar momentos incríveis? O que sempre pensou em fazer, mas tem medo de tentar? Corra riscos e alimente sua alma! Discuta com seu parceiro ou grupo de treinamento as formas de criar momentos incríveis em conjunto.

Desfrute "alimentos visuais" para a alma. Às vezes, o melhor alimento esté bem em frente à sua janela: um pôr-do-sol espetacular, uma lua cheia ou um céu estrelado. Outras vezes, basta programar um passeio nas montanhas para observar os passarinhos, colher framboesas e observar as flores do campo. Isso é o que eu chamo de alimento visual para a alma, um alimento grátis e abundante, de que muitas vezes nem nos damos conta. Aonde você pode ir para alimentar sua alma? Há um jardim, um viveiro de pássaros ou uma reserva ecológica perto da sua cidade? Liste três lugares em seu diário.

Alimente sua alma com "pequenas coisas". Agora que você tem mais tempo, pode alimentar sua alma com pequenas coisas que antes não tinha tempo de fazer, como pintar as unhas, regar as plantas, pôr água num bebedouro de pássaros ou tomar um café com uma amiga. Pode parecer pouco, mas é surpreendente ver como as pessoas anseiam pela oportunidade de se divertir com coisas simples. Reserve uma tarde ou um dia só para fazer pequenas coisas que lhe dão prazer. Anote cinco exemplos no seu diário de coisas que você pode fazer ao longo da semana.

A sensualidade também alimenta nossa alma. Faça amor ouvindo uma bela música, durma em lençóis de algodão egípcio, ou use uma roupa de seda. Tome chá em uma xícara de porcelana antiga, encha seu quarto de fragrâncias sensuais indicadas por uma aromoterapeuta. Usando sugestões encontradas neste capítulo e também suas próprias idéias, liste dez exemplos de alimento para a alma. Agora comprometa-se a fazer uma dessas coisas por semana. Qual você fará primeiro? Quando? Anote a data no seu diário.

ENTRE EM AÇÃO! PLANEJE UM RETIRO ESPIRITUAL

Para cuidar do bem-estar da sua alma, reserve um tempo para fazer um retiro espiritual. Quantas vezes você desejou ter um tempo de folga para pensar nos rumos da sua vida? Ou um descanso das obrigações diárias para se reorganizar e avaliar uma situação específica ou pedir uma orientação? Esse retiro espiritual é fundamental para você viver como deseja. A vida muda, as pessoas mudam e as circunstâncias mudam, por isso todos precisam regularmente de momentos de tranqüilidade e contemplação.

Algumas pessoas escolhem uma determinada data para fazer seu retiro. Todo ano minha cliente Elaine aproveita seu aniversário para reavaliar sua vida. Ela planeja um retiro de três dias em um mosteiro ou em um hotel tranqüilo nas montanhas e entrega-se ao silêncio. Avalia os acontecimentos do ano anterior e escreve sobre seu crescimento espiritual. Depois, faz um planejamento para o ano seguinte. Escreve dez coisas que gostaria que acontecessem e inclui nos seus planos as qualidades que gostaria de desenvolver para melhorar sua vida. Esse ritual se tornou tão sagrado, que Elaine o chama de "meu melhor presente de aniversário".

Seu retiro pode ser completamente diferente. Que tal fazer canoagem nas corredeiras? Ou passar uns dias num spa? Um tempo de reflexão é absolutamente necessário para uma boa qualidade de vida. É uma oportunidade perfeita para reavaliar sua prática espiritual, ganhar percepção e orientação da sua sabedoria interior e repensar a forma como você está vivendo a vida. O tempo livre melhora nossa perspectiva. Muitas vezes meus clientes dizem que sonham com uma oportunidade de tirar um tempo livre só para eles. Eu sugiro que eles tornem isso uma prioridade, parem de sonhar e comecem a planejar!

Quando você vai programar seu primeiro retiro? Pegue seu diário e preencha as frases abaixo:

Meu primeiro "retiro da alma" será programado para...
Para fazer essa viagem eu preciso de...
O número de dias que eu gostaria de tirar é...
O lugar que eu gostaria de ir é...
Eu gostaria de usar esse retiro para...
Os três primeiros passos que eu preciso dar são:

Se não puder de forma alguma afastar-se para fazer um retiro, use seu parceiro ou grupo de treinamento como apoio. Peça que eles ajudem você a descobrir o que está no seu caminho e a encontrar uma solução agora! Se o problema for dinheiro, volte para o capítulo 4. Se achar que não tem tempo para isso, volte para o capítulo 2 e entre em ação já!

Quando você segue sua sabedoria interior, percebe que a vida que achava que queria era apenas o início de algo muito maior. Um poder divino assume a direção e você é guiado para uma vida além dos seus sonhos mais fantásticos. Agora que deu início a uma prática espiritual para alimentar sua alma, torne isso uma prioridade máxima! Deixe a ligação com a sua sabedoria interior tornar-se o principal combustível da sua vida.

8

SUA NOVA VIDA

Você deu início a uma nova forma de vida. Ao transformar os sete obstáculos em degraus, pôde se permitir escolher como viver sua vida. Não só a qualidade do seu dia-a-dia melhorou enormemente como também a qualidade da sua vida interior. À medida que você for usando tempo e energia com coisas que realmente importam e usufruindo os resultados do seu trabalho – como uma segurança financeira maior e a alegria de uma ligação espiritual –, sua confiança aumentará, você terá paz de espírito e se sentirá capacitado a viver a vida nos seus termos.

Ao assumir total responsabilidade pela sua vida, você encontrou o caminho da verdadeira segurança, que se origina da abundância em todas as áreas da sua vida: tempo, energia, comunidade e bem-estar espiritual. Você passará a dizer coisas como as que eu ouço meus clientes dizerem:

Eu tenho bastante tempo para fazer as coisas que quero.
Eu vivo com uma eterna sensação de relaxamento e de paz.
Eu estou aproveitando melhor o tempo que passo
com minha família e com meus amigos.

Meus amigos e parentes dizem que a convivência
comigo tornou-se mais fácil.
Eu tenho menos conflitos e frustrações na minha vida agora.
Eu acordo quase sempre sorrindo.
Minha saúde física melhorou.
Eu tenho uma segurança financeira maior.
Eu tenho prazer em estar em casa e no escritório.
Grandes oportunidades parecem cruzar meu caminho
de forma mágica.
Eu tenho esperança e entusiasmo pela minha vida.

Esses são os sinais de que valeu a pena trabalhar duro. A continuação do processo apresentado neste livro é sua apólice de seguro para uma vida de cuidado máximo com você mesmo. Caso venha a emaranhar-se de novo em uma vida competitiva e frustrante, faça as seguintes perguntas para determinar onde as coisas saíram dos trilhos:

Teste de Qualidade de Vida

1. Eu tenho tido o máximo de cuidado comigo mesmo? Tenho reservado um tempo só para mim toda semana? (capítulo 1)
2. Eu atualizei minha lista de "sim absoluto" nos últimos três a seis meses, e minha programação reflete essas prioridades? (capítulo 2)
3. Eu tenho tolerado pessoas, lugares ou coisas que estejam desgastando minhas energias? (capítulo 3)
4. Eu tenho vivido dentro das minhas posses, poupado de forma consistente e investido com prudência? (capítulo 4)
5. Eu tenho alimentado meu corpo, cabeça e espírito com combustível prêmio? (capítulo 5)
6. Eu tenho fortalecido minhas ligações espirituais com os importantes relacionamentos da minha vida? (capítulo 6)
7. Eu tenho persistido na minha prática espiritual, ouvindo a

minha sabedoria interior e agindo de acordo com o poder Divino? (capítulo 7)

A mudança é constante e você precisará rever o programa deste livro de tempos em tempos para continuar a criar a vida que deseja. Use o Teste de Qualidade de Vida para identificar onde você precisa concentrar sua energia, depois volte ao capítulo correspondente e entre em ação! Toda vez que fizer os exercícios, você vai aprimorar o trabalho realizado anteriormente.

REINVENTANDO A FORMA DE TRABALHAR

Agora que você mudou o foco e criou uma base forte para sua nova vida, está em melhor posição para pensar no trabalho. É hora de se perguntar como ele pode realmente valorizar sua vida.

Depois de seguir o programa deste livro, recuperar seu poder pessoal e assumir o controle, você passou a ter uma vida mais equilibrada. Sua vida parou de girar em torno do trabalho e sua energia pode ser direcionada também para outras áreas, como relacionamentos, espiritualidade e lazer.

Quando meus clientes seguem o passo-a-passo apresentado neste livro, sentem-se capacitados a fazer mudanças na sua vida profissional. Depois que começam a pensar na vida como uma tela do tamanho dos seus sonhos, sentem-se livres para pintar o que desejam. Alguns mudam de profissão e outros mudam a maneira de trabalhar. De todo modo, a meta é fazer com que o trabalho dê uma dimensão de riqueza a toda a vida.

Algumas pessoas decidem permanecer no emprego e melhorar seu ambiente de trabalho. Outras pedem demissão e abrem seu próprio negócio. E outras fazem com que seu trabalho se encaixe na sua nova vida, expressando suas paixões e desejos. Vejamos alguns exemplos específicos do que quero dizer com isso.

Meu cliente Timothy gostava do trabalho como gerente de projetos numa grande empresa de informática, mas, depois que estabeleceu novas prioridades para sua vida, percebeu que precisava passar mais tempo com os filhos em fase de crescimento. Infelizmente, a política da empresa era recompensar os empregados que trabalhassem horas extras. Por isso, Timothy era forçado a ficar no escritório depois das seis horas da tarde.

Depois que nosso treinamento começou, ele aplicou o que tinha usado com sucesso na sua vida pessoal para melhorar seu trabalho. Estabeleceu novas prioridades no escritório, eliminou as coisas que consumiam sua energia e pediu que sua equipe apoiasse essas novas metas. Passados seis meses, um dos diretores da empresa comentou que, com a nova organização do escritório, os projetos supervisionados por Timothy estavam sendo completados antes do prazo.

Aproveitando essa reputação, Timothy fez um plano que lhe permitia trabalhar em casa dois dias na semana para poder estar com os filhos quando eles voltassem do colégio. O plano incluía objetivos específicos a serem atingidos e descrevia o tipo de trabalho que ele podia fazer com mais eficiência em casa, sem interrupções. Timothy mostrou os perigos potenciais, ofereceu as devidas soluções e pediu que o diretor da sua área tentasse esse novo sistema durante trinta dias.

Eu sugeri que Timothy convencesse o diretor de que aquilo que ele estava propondo era uma parceria que traria sucesso para os *dois*. Ajudei-o a apresentar por escrito a meta, o plano e o resultado previsto, para que ele pudesse treinar o que ia dizer e como ia dizer. Quando explicou como era importante para ele estar com os filhos e apresentou seu plano ao chefe de forma direta e confiante, ele concordou em tentar. No final de trinta dias, depois de alguns ajustes, os dois concluíram que esse novo sistema de trabalho fazia sentido.

Como já tinha provado que era um funcionário eficiente, Timothy pôde correr esse risco. Além disso, em razão das suas reservas emocionais e financeiras, ele se sentia seguro para procurar outro emprego e tocar sua vida caso o novo arranjo não funcionasse.

Lembre-se de que, com uma base forte, é possível readquirir seu poder e ter controle sobre sua vida profissional. Cabe a você assumir total responsabilidade pelo que não está funcionando e mudar a situação. Ninguém fará isso por você. Em vez de se sentir vítima das circunstâncias, diga o que quer, reivindique uma mudança e faça com que sua vida profissional valorize sua vida inteira.

Quando minha cliente Stacy estava em pleno processo de treinamento, decidiu mudar de rumo. Largou o emprego em uma agência de viagens e abriu seu próprio negócio. Criou um escritório em casa e começou a assistir empresários "virtualmente". Não só ela cuidava das viagens dos clientes como fazia pesquisas, ajudava-os a tomar importantes decisões de negócios e fornecia todo tipo de apoio administrativo. Em seis meses, Stacy começou a fazer sucesso e, no final do primeiro ano, tinha mais clientes do que podia aceitar. Por isso, ela resolveu expandir seu negócio, criando uma "empresa de treinamento virtual" para ensinar essa nova arte de "consultoria virtual".

Trabalhando por conta própria, Stacy tem liberdade e consegue bons resultados financeiros. Hoje, ela ganha três vezes mais do que quando trabalhava fora. Quase todos os clientes dela são mulheres que desenvolveram um negócio lucrativo que lhes permite ficar em casa e criar os filhos. Como era de se esperar, depois que Stacy pôs a vida em ordem e se sentiu capacitada a fazer com que seu trabalho valorizasse sua vida pessoal, tudo entrou nos eixos. Seis meses depois da inauguração da sua empresa, Stacy deu entrevistas para três grandes revistas e seu negócio deslanchou. Sorte? Não. Trabalho duro, uma base sólida e apoio dos amigos, da família e da força divina – a mágica disponível para todos que se comprometem a viver uma vida de qualidade. Às vezes um cliente que já tem seu próprio negócio decide fazer uma mudança. Cada vez mais os empresários com quem eu trabalho estão percebendo que maior não é necessariamente melhor. Mais sucesso implica mais responsabilidade. Por isso há quem decida, como minha cliente Christine, largar o barco no meio da viagem e abrir mão de um crescimento rápido em função de um ritmo mais lento e gratificante em termos pessoais.

Christine é apaixonada por viagens e fotografia. Assim que nos conhecemos, ela começou a falar de vários lugares onde tinha estado e da alegria que sentia tirando fotos de tudo. Christine era uma consultora empresarial de sucesso e trabalhava setenta horas por semana, mas preferiu mudar sua forma de vida, diminuindo a dedicação aos negócios. Ela hoje dá apenas três consultorias por ano para ter quatro meses livres para fazer o que gosta.

Depois que seguiu os passos apresentados neste livro, Christine percebeu que seu desejo de viajar e sua paixão por fotografia eram muito mais fortes que sua vontade de enriquecer. Hoje, ela aluga um pequeno apartamento, vive dentro de suas posses, poupa 50 por cento do que ganha com consultoria e usa o resto para pagar suas viagens. E isso é apenas o princípio. Sua história comprova a magia que ocorre quando nós trabalhamos no que gostamos e, mais importante ainda, vivemos a vida que desejamos viver.

Depois de dois anos vivendo dessa maneira, Christine mostrou a um cliente fotos de uma viagem que fez recentemente à Irlanda. Ele ficou impressionado com a forma como ela captou a essência das pessoas e do país. Uma semana depois, o cliente convidou-a para conversar sobre o projeto de uma expedição fotográfica para o catálogo de um grande lançamento de sua empresa – um software global chamado "Olhos do Mundo". Christine teria de viajar pelo mundo inteiro durante seis meses, tirando fotos de várias culturas. Não é preciso dizer que ela aceitou o convite!

Esses exemplos são típicos do que ocorre quando meus clientes seguem o programa deste livro e decidem trabalhar nos seus próprios termos. A maioria das pessoas não tem chance de fazer esse tipo de escolha e de sentir o apoio divino porque está lutando loucamente para sobreviver. Mas agora chegou a sua vez de tomar decisões. Você ganhou o direito de decidir o que vai fazer e também como vai fazer, pois se permitiu seguir um novo conjunto de regras.

O sucesso é uma conseqüência para os clientes que trabalham duro para construir uma base sólida para sua vida. Depois que ganham confiança para escolher seu trabalho de forma criteriosa, meus clientes reivindicam muito mais que um bom salário. Os seguintes critérios devem ser observados:

- O trabalho não deve jamais fazer com que você comprometa sua integridade
- O trabalho não pode consumir todo o seu tempo, deixando espaço também para outras atividades
- Sua contribuição deve ser reconhecida e apreciada
- Seu trabalho deve ser desafiador e gratificante
- Você deve ter oportunidade de usar plenamente seus talentos e dons
- Você deve ter o direito de dar sua opinião em decisões importantes.
- Seu trabalho deve ter um grande objetivo
- Você deve receber bem pelo trabalho que faz.

Quando todas essas peças se encontram no devido lugar, empregados e patrões tendem a ter sucesso. Meus parabéns! Você conquistou o direito de ser seletivo e de fazer o trabalho que gosta.

TRABALHE NO QUE VOCÊ GOSTA

Muitas pessoas vivem presas a um sonho ou desejo secreto que nunca vem à tona. Ou essas pessoas têm medo de admitir do que realmente gostam, ou sua vida é tão tumultuada que elas não conseguem ver os dons ocultos que têm a oferecer.

Eu creio que cada pessoa tem um talento especial para dividir com o mundo. Porém, ao contrário da opinião popular, também acredito que esses dons e talentos não são descobertos porque nós não damos a devida atenção à nossa qualidade de vida. Inúmeras vezes eu vi gente sentir-se frustrada por não saber do que gosta ou por não conseguir fazer o que gosta. Em geral, eu inicio a conversa com meus clientes apresentando uma das minhas passagens favoritas do livro *O Poder do Pensamento Construtivo,* de Emmet Fox, cientista, filósofo e professor espiritual do início do século XX.

O desejo do seu coração (de Emmet Fox)

> No passado, de tempos em tempos, Deus sussurrava no seu coração uma coisa maravilhosa – não importa o quê – que Ele desejava que você fosse, fizesse e tivesse. E essa coisa maravilhosa nada mais é que aquilo que chamamos de "desejo do seu coração". O desejo mais secreto, mais sagrado que existe no fundo do seu coração, a maravilha que você mal ousa ver ou na qual nem pensa. A coisa pela qual você prefere morrer a deixar que alguém saiba o que é, pois parece tão distante do que você é ou tem no momento presente, que você receia ser ridicularizado se alguém tiver idéia do que é – a própria coisa que Deus deseja que você faça ou seja por Ele. E o nascimento desse desejo maravilhoso na sua alma, a aurora desse sonho secreto, é a voz do próprio Deus dizendo-lhe para se erguer e subir mais alto, pois Ele precisa de você.

Se você estiver lutando para descobrir ou expressar o desejo da sua alma, tome coragem! O primeiro passo para fazer o trabalho de que gosta é criar a vida que quer. Eu prometo que, se você fizer os exercícios deste livro, não só descobrirá a contribuição única que tem para dar ao mundo como achará muito mais fácil fazer isso.

Às vezes, nossos talentos e dons se escondem debaixo do tumulto e das atribulações da nossa vida, esperando para serem descobertos. Muita gente busca seu "objetivo de vida" prematuramente e acaba dando uma solução temporária para um problema atual da sua vida. As pessoas acham, por exemplo, que um novo emprego pode substituir a falta de entusiasmo numa relação amorosa. Também aceitam um trabalho simplesmente por causa do dinheiro, mesmo sabendo que seu talento será subutilizado. Lembre-se do seguinte: colocar em ação o programa apresentado neste livro é a peça que falta para você descobrir e fazer o trabalho de que gosta.

CELEBRE SEU SUCESSO

Ao chegar ao final do programa de treinamento, eu gostaria de congratular você por ter feito o trabalho apresentado neste livro. Mudando comportamentos e hábitos antigos, você criou uma vida de alta qualidade. Fez mudanças incríveis, e eu gostaria de reconhecer e celebrar o seu sucesso. Com muita freqüência, quem entra em ação e consegue o que pretendia passa de uma realização para outra sem pensar no quanto sua vida mudou.

Eu gostaria que você reservasse uma tarde para rever o trabalho que fez enquanto lia este livro. Como sua vida mudou? Que realizações internas e externas você conseguiu? Pode ser um sucesso tangível, como ter dado cabo de várias tarefas que vivia adiando ou ter melhorado sua saúde financeira. Ou um sucesso menos tangível, mas igualmente importante, como uma ligação mais forte com uma pessoa querida ou menos estresse no trabalho.

Como você cresceu? Está mais confiante? Mais capaz de estabelecer limites e dizer não? Toma decisões automaticamente respeitando o cuidado máximo com você mesmo? Pense de que forma sua vida mudou e liste no seu diário as vinte coisas de que mais se orgulha.

Agora reveja a lista. Sejam as mudanças pequenas ou grandes, pare e considere o poderoso impacto que todas juntas causaram na sua vida. Depois, dê um passo adiante e mostre essa lista ao seu parceiro ou grupo de treinamento. Conte bastante "vantagem" sobre sua lista e ouça com cuidado a lista do outro e as mudanças na vida dele.

Como você vai se recompensar? Com a permanente meta de fortalecer seu relacionamento com você mesmo, é importante recompensar-se pelas mudanças feitas. Compre um presente para você, tire um dia de folga ou programe aquela viagem que sempre quis fazer. Alguns clientes chegaram a escrever cartas para si próprios para demonstrar como cresceram. Faça alguma coisa especial em reconhecimento ao seu trabalho duro.

Listar suas realizações e as coisas das quais você mais se orgulha e recompensar-se por elas é um ótimo exercício. Seja à noite, durante um retiro espiritual ou num evento especial, dê sempre uma parada regular ao longo da sua vida.

À medida que você segue este programa e aprimora sua qualidade de vida, vai se juntando a um número cada vez maior de pessoas que se fortalecem e contribuem para o mundo de uma forma poderosa. Você provavelmente notou que sua capacidade de ajudar os outros aumentou a cada passo dado ao longo deste programa. O forte desejo de contribuir é uma resposta automática a uma vida plena e rica.

As características daqueles que vivem uma vida autêntica demonstram como é poderosa a contribuição que dão aos outros. Essas características incluem o seguinte:

- Disposição de assumir total responsabilidade por tudo que ocorre
- Alto nível de integridade e desejo contínuo de superar obstáculos
- Crença de que todas as ações são importantes e que você faz parte de algo muito maior
- Forte compromisso de servir os outros
- Enorme capacidade de amor e compaixão.

O mundo não seria melhor com mais gente assim? Pare e congratule-se por ter se juntado a esse grupo!

Quando sua vida mudar e a mágica começar a acontecer, vai ouvir muita gente dizendo que você é uma pessoa de sorte. Meus clientes riem quando seus amigos e familiares dizem que eles nasceram "virados para a lua" em razão de todas as coincidências mágicas que acontecem em suas vidas. A verdade é que qualquer um pode ter sorte se estiver disposto a trabalhar. Comece agora! A vida que você deseja viver está à sua espera.

INFORMAÇÕES SOBRE OS PRÓXIMOS LANÇAMENTOS

Para receber informações sobre os próximos lançamentos da EDITORA SEXTANTE, queira entrar em contato com nossa Central de Atendimento, dando seu nome, endereço e telefone para:

EDITORA SEXTANTE
Av. Nilo Peçanha, 155 – Gr. 301 – Centro
20020-100 – Rio de Janeiro – RJ
Tel.: (21) 2524-6760 – Fax: (21) 2524-6755
DDG: 0800-22-6306 (ligação gratuita)
E-mail:atendimento@esextante.com.br

Para saber mais sobre nossos títulos e autores, e enviar seus comentários sobre este livro, visite o nosso site:

www.esextante.com.br